Erinnertes Ägypten

Kulturwissenschaftliche Interventionen
Bd. 6

Herausgegeben vom
Kulturwissenschaftlichen Institut Essen

Jan Assmann, geb. 1938 in Langelsheim (Harz), lehrt seit 1976 Ägyptologie an der Universität Heidelberg. Er leitet seit 1978 ein Forschungsprojekt in Luxor (Oberägypten) und lehrte als Gastprofessor in Paris, Yale und Jerusalem.

Jan Assmann

Erinnertes Ägypten

Pharaonische Motive in der europäischen Religions- und Geistesgeschichte

Kulturverlag Kadmos Berlin

Die Deutsche Bibliothek – CIP-Einheitsaufnahme

Die Deutsche Bibliothek verzeichnet diese Publikation in der Deutschen Nationalbibliographie; detaillierte bibliographische Daten sind im Internet unter <http://dnb.ddb.de> abrufbar

Internet: www.kv-kadmos.com
Umschlaggestaltung: Readymade, Berlin
Gestaltung und Satz: Readymade, Berlin
Druck: INTER ALIA GmbH
Printed in EU
ISBN (10-stellig) 3-931659-90-9
ISBN (13-stellig) 978-3-931659-90-5

Inhalt

Für Jörn Rüsen
in Freundschaft und Dankbarkeit

Vorwort

Dieses kleine Buch ist aus drei Vorlesungen hervorgegangen, die ich Ende September/Anfang Oktober auf Einladung Jörn Rüsens am Kulturwissenschaftlichen Institut in Essen gehalten habe. Sie wurden um zwei Kapitel vermehrt, die sich mit den beiden bedeutendsten Opern beschäftigen, in denen das alte Ägypten auf der Bühne dargestellt wird: Mozarts *Zauberflöte* und Verdis *Aida*. Thema sind einige zentrale Brennpunkte der europäischen Ägypten-Rezeption.

Ich danke den Mitarbeiterinnen und Mitarbeitern des KWI Essen, die meinen Aufenthalt am Institut so anregend und angenehm gestaltet haben, den Hörerinnen und Hörern der Vorlesungen für ihre außerordentlich interessierte Aufnahme und viele lehrreiche Diskussionen und dem Kulturverlag Kadmos und seinem Verleger Wolfram Burckhardt für die sorgfältige Drucklegung und angenehme Zusammenarbeit. Bei der Beschaffung der Bildvorlagen war mir Frau Dr. Eva Hofmann (Heidelberg) eine unschätzbare Hilfe.

Ich widme das Buch Jörn Rüsen, der seit Jahrzehnten meine Arbeit mit lebendigem Interesse verfolgt, mich immer wieder zu intellektuellen Abenteuern verführt und auch dieses Büchlein, das ohne sein freundschaftliches Drängen nie zustande gekommen wäre, auf den Weg gebracht hat.

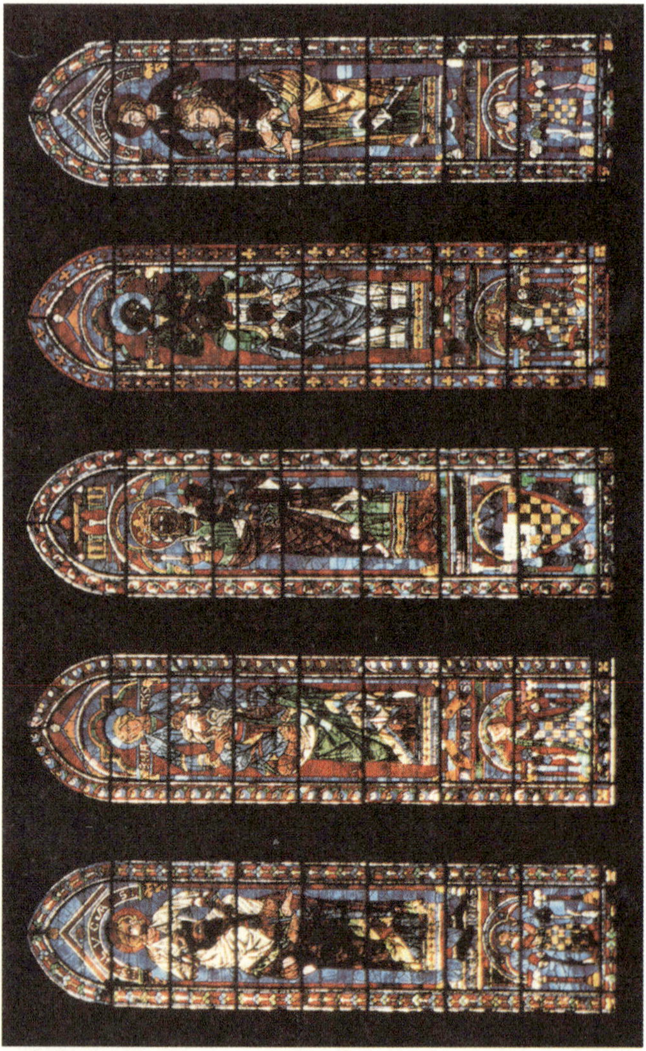

Abb. 1: Chartres

Einführung

Auf Glasfenstern in der Kathedrale von Chartres sind die vier Evangelisten dargestellt, wie sie auf den Schultern alttestamentlicher Propheten sitzen: Zwerge auf den Schultern von Riesen. Zwerge, die auf den Schultern von Riesen stehen, blicken weiter als diese: dies Sprichwort[1] ist in den Glasfenstern dargestellt. Nehmen wir dieses Motiv als eine Allegorie des kulturellen Gedächtnisses, vermittels dessen sich jede Gegenwart auf den Sockel einer Vergangenheit stellt und aus dieser Position heraus sich in die Zukunft orientieren kann, und zugleich als ein Leitmotiv für unsere Spurensuche nach altägyptischen Ideen und Motiven in unserer abendländischen Welt! Die Frage lautet dann, ob das Abendland nicht nur auf den Schultern der alttestamentlichen Propheten und der griechischen Philosophen und Dichter, sondern auch, zumindest ein wenig, auf den Schultern der altägyptischen Priester und Gelehrten steht. Ich will diese Frage in den ersten drei der folgenden Kapiteln anhand von drei verschiedenen thematischen Komplexen beleuchten, die ich mit den Begriffen »Erlösung«, »Hieroglyphen« und »Mysterien« überschreibe. Die letzten beiden Kapitel ergänzen dieses Bild um die Betrachtung der beiden bekanntesten Ägypten-Opern: Mozarts *Zauberflöte* und Verdis *Aida*. Die eine illustriert in paradigmatischer Weise das Thema »Mysterien«, die andere die historische Wende, nach der Ägypten nicht mehr als Gegenstand der Erinnerung, sondern der wissenschaftlichen Erforschung (und Ausbeutung) im Blick steht. Damit folge ich zugleich einer zeitlichen Linie. Das erste Kapitel hat seinen Schwerpunkt in den formativen Epochen des Christentums zwischen Spätantike und Mittelalter, die zweite den ihren in der Renaissance mit ihrem Interesse für Hieroglyphik, Emblematik und, allgemein gesprochen, eine nicht-aristotelische Semiotik, und die dritte bezieht sich auf das 18. Jahrhundert, das Jahrhundert der Geheimgesellschaften, in das auch, ganz am Ende, die im vierten Kapitel behandelten Werke gehören, Mozarts und Schikaneders Oper *Die Zauberflöte* (1791) und Schillers Ballade *Das verschleierte Bild zu Sais* (1795). Das fünfte Kapitel spannt den Bogen mit Verdis *Aida* (1871) bis ins 19. Jahrhundert, aber damit verlassen wir schon weitgehend den Raum der Erinnerung und gehen vom »erinnerten« zum »erforschten« Ägypten über, denn diese Oper ist konzeptionell das Werk eines Ägyptologen.

Was dieses Büchlein *nicht* anstrebt, ist ein handbuchartiger Überblick über das gesamte große Feld der Ägypten-Rezeption. Die Leserinnen und Leser, die sich hierüber in größerem Detail informieren möchten, finden in den Anmerkungen Hinweise auf weiterführende Literatur; insbesondere verweise ich auf Siegfried Morenz, *Die Begegnung Europas mit Ägypten. Mit einem Beitrag von Martin Kaiser über Herodots Begegnung mit Ägypten*, Zürich-Stuttgart, 1969; Eric Iversen, *The Myth of Egypt and its Hieroglyphs in European Tradition*, Copenhagen 1961 = Princeton 1993; Erik Hornung, *Das esoterische Ägypten. Das geheime Wissen der Ägypter und sein Einfluß auf das Abendland*, München 1999, mein Buch *Moses der Ägypter. Entzifferung einer Gedächtnisspur*, München 1998, den von Aleida Assmann und mir herausgegebenen Band *Hieroglyphen. Stationen einer anderen abendländischen Grammatologie*, München 2003 und den von Wilfried Seipel herausgegebenen Band *Ägyptomanie. Europäische Ägyptenimagination von der Antike bis heute*, Wien 2000.

Dieses Buch möchte also keinen derartigen Überblick geben, sondern einigen ausgewählten ägyptischen bzw. ägyptisierenden Motiven in der europäischen Religions- und Geistesgeschichte etwas genauer und tiefer nachgehen, um anhand der sogenannten Ägyptenrezeption dem Phänomen des kulturellen Gedächtnisses und der von ihm erschlossenen kulturellen »Tiefenzeit« auf die Spur zu kommen. Es geht also nicht nur um das »wie« und »was« der Bezugnahme auf Altägyptisches in der europäischen Tradition, sondern auch und vor allem um das »warum«. Warum war Ägypten für das Abendland wichtig, für wen und in welcher historischen Situation? Dieses Projekt steht damit im Zusammenhang einer Forschungsrichtung, der Aleida Assmann und ich seit vielen Jahren unter dem Stichwort des »Kulturellen Gedächtnisses« nachgegangen sind. Hier geht es vor allem um den Zusammenhang von Vergangenheitsbezug und Selbstentwurf. Anders als der historischen Forschung geht es dem kulturellen Gedächtnis nie um die Vergangenheit um ihrer selbst, sondern immer um der jeweiligen Gegenwart mit ihren Bedürfnissen nach Verankerung, Legitimierung, Identifikation oder umgekehrt Befreiung, Infragestellung und Veränderung willen. So hat auch das »erinnerte Ägypten« mit dem »erforschten Ägypten« der Ägyptologie wenig zu tun. Mit der kulturellen Gedächtnisforschung aber erschließt sich ein Forschungsrahmen, der auch das erinnerte Ägypten aus dem Kuriositätenkabinett der Missverständnisse herausholt und als ein wichtiges Phänomen *sui generis* unserem Studium und Interesse erschließt.

Erstes Kapitel

Erlösung – Ägypten im christlichen Unbewussten

Steht das Christentum auf den Schultern nicht nur des Judentums, sondern auch des alten Ägypten? Dieser Frage möchte ich in diesem ersten Kapitel nachgehen. Das Christentum auf den Schultern des alten Israel ist ein Gedanke, der die gesamte christliche Ikonographie und Theologie durchzieht. Unzählige Bildprogramme veranschaulichen diese Abkünftigkeit des Christentums aus dem Judentum, das ganze Alte Testament gilt im christlichen Deutungsrahmen als ein Vorlauf aufs Neue, das Neue Testament als die Erfüllung des Alten. Nun steht freilich das Christentum nicht nur auf den Schultern des Judentums, es hat sich auch von ihm abgekehrt. Es hat das Gesetz verworfen und Christus als das Ende und die Erfüllung des Gesetzes an seine Stelle gesetzt. Die Christen leben nicht mehr *sub lege*, unter dem Gesetz, sondern, wie Augustinus das darstellte, *sub gratia*, unter der Gnade. Die Beziehung zwischen dem Christentum und dem Judentum, aus dem es hervorgegangen ist, lässt sich also einer Konversion vergleichen. In drei Punkten tritt diese Abkehr vom Judentum des Alten Testaments besonders deutlich hervor: in der Institution der Kirche, in der Idee der Inkarnation und in den Vorstellungen von der Unsterblichkeit der Seele und der Erlösung vom Tode. Das sind zugleich die drei Punkte, in denen das Christentum der altägyptischen Kultur erstaunlich nahe kommt. Obwohl ich dieses erste Kapitel mit dem Stichwort Erlösung überschrieben habe, möchte ich doch auf alle drei Punkte eingehen und beginne mit dem Thema Kirche.

Unter »Kirche« verstehen wir eine hierarchisch gegliederte geistliche Organisationsform von Gemeinschaft. Sie ist dem Christentum eigen; so etwas kennt keine andere Religion. Die Idee der Kirche hängt zusammen mit der vorläufigen Abwesenheit Christi; sie ersetzt seine Anwesenheit oder »Parusie« bis zum Tag seiner Wiederkehr. Die Christen sind ein Volk zweiten Grades, das sich aus Angehörigen von Völkern ersten Grades, Juden, Griechen, Syrern, Ägyptern, Römern usw. zusammensetzt. Die Idee, ein geistliches Volk zu gründen, das quer zu den bestehenden weltlichen Völkern entsteht und genau wie oder sogar mehr noch als diese straff organisiert und durch ein starkes Zusammengehörigkeitsgefühl verbunden ist, wird auf Paulus zurückgeführt und kann in ihrer innovativen Kraft und Durchsetzungsfähigkeit gar nicht genug bewundert werden. Natürlich verstanden sich auch die Juden bereits als ein »geistliches Volk«: diese ganze Begrifflichkeit ist alttestamentlich. Die Israeliten sind das Volk, das sich Gott zum Eigentum erwählt hat und von daher »ein Königtum von Priestern, ein heiliges Volk«:

> Jetzt aber, wenn ihr auf meine Stimme hört und meinen Bund haltet, werdet ihr unter allen Völkern mein besonderes Eigentum sein. Mir gehört die ganze Erde, ihr aber sollt mir als ein Reich von Priestern und als ein heiliges Volk gehören. (Ex 19,5–6)

»Israel« ist der Name der Juden als geistliches Volk. Mit dem Fall des Nordreichs 722 v. Chr. verliert dieser Name seine politische Bedeutung und wird auf die im

Südreich siedelnden Juden übertragbar. Die Zugehörigkeit zum Gottesvolk wird auf eine neue Grundlage gestellt. Sie entscheidet sich nicht mehr wie überall sonst durch Territorium und politische Organisation, sondern durch das »Gesetz«. Zu Israel gehört man, wenn und weil man das Gesetz hält, und nicht, weil man in Judäa wohnt und Steuern zahlt. Dadurch wird dieses vollkommen neuartige »Volk« diaspora- und in gewissem Umfang sogar missionsfähig. Obwohl die Juden nicht missioniert haben, machten sie doch Proselyten, d. h. Sympathisanten, die sich ihrem Gottesdienst und bis zu einem gewissen Grade auch ihrer Lebensform anschlossen. Das Gesetz, das diese Lebensform bis ins Kleinste regelte, war jedoch hochexklusiv, es galt den Juden als ein Zaun oder geradezu eine »eherne Mauer«, die Gott um sein Volk gezogen hatte, um es aus den Völkern der Erde auszugliedern. Das machte es den vielen Sympathisanten aus den Kreisen der »Heiden« schwer, sich diesem Volk voll und ganz anzuschließen, genauso wie es dadurch den Juden schwer wurde, sich der hellenischen Lebensform zu assimilieren, d. h. sich zu modernisieren.

Saulus, der als ein jüdischer Eiferer für das Gesetz gewirkt hatte, wandelte sich zum Paulus, der den Begriff des Gottesvolks radikal umdefinierte, indem er das Gesetz als Zugehörigkeitskriterium durch den Glauben an Christus ersetzte. Das war die Geburtsstunde der Kirche. Im 1. Korintherbrief vergleicht Paulus die Kirche mit einem Leib und die Mitglieder in der Verschiedenheit ihrer Funktionen und Gaben mit den einzelnen Gliedern. Das ist die bekannte Fabel des Mennenius Agrippa vom Streit zwischen dem Bauch und den Gliedern (Livius 2, 32; Plutarch, *Vita Coriol.*, 6). Warum müssen die einen arbeiten, während die anderen sich mit Essen und Trinken den

Abb. 2: Himmelskuh

Bauch vollschlagen? Diese Fabel gibt es schon im Alten Ägypten, von wo sie sich offenbar im Mittelmeerraum verbreitet hat.[2] Paulus geht aber noch einen großen Schritt weiter. Die Christen sind nicht nur Glieder eines Leibes, sie sind Glieder des Leibes Christi. Sie bilden in ihrer differenzierten und organischen Gemeinschaft einen vom Heiligen Geist beseelten Körper, der auf Erden an die Stelle des zum Himmel entrückten Leibes Christi tritt. Paulus bedient sich also der alten Fabel von der Interdependenz der Teile voneinander und vom Ganzen, um etwas völlig Neues zum Ausdruck zu bringen.

Es ist nun nicht nur die alte Fabel, es ist auch dieser neue Gedanke eines irdischen Gottesleibes, der stark an ägyptische Vorstellungen erinnert. Vor allem aber die Idee einer Institution, die für die abwesende Gottheit eintritt und ihre Aufgabe darin sieht, die Herrschaft dieser Gottheit stellvertretend auszuüben und die Verbindung zwischen Gott und Menschen auch unter den Bedingungen der Gottesferne bzw., wie das christlich-theologisch heißt, der Parusieverzögerung aufrechtzuerhalten, erinnert an den pharaonischen Staatsgedanken, der darin viel mehr die christliche Idee der Kirche als die Idee des Staates vorwegnimmt.

Nach ägyptischer Vorstellung ist die Herrschaft zugleich mit der Schöpfung in die Welt gekommen und hängt mit der Schöpfung eng zusammen. Herrschen, so könnte man das auch umschreiben, ist die Fortsetzung der Schöpfung unter den Bedingungen der entstandenen Welt. Am Anfang hat der Schöpfer- und Sonnengott diese Herrschaft selbst ausgeübt; damals lebten Götter und Menschen gemeinschaftlich zusammen. Dann aber, in Folge einer Empörung der Menschen, hat der Gott den Himmel hoch über die Erde erhoben und sich mit den anderen Göttern dorthin zurückgezogen. Er hat aber seinen Sohn, den Luftgott Schu, zum Nachfolger eingesetzt mit der Aufgabe, zugleich mit der Trennung auch die Verbindung zwischen Himmel und Erde aufrecht zu erhalten, wozu der Luftgott ja glänzend qualifiziert ist. Von Schu ging die Herrschaft auf dessen Sohn, den Erdgott Geb über. Damit wurde sie territorial. Aus der Erde wurde das Land mit seinen Tempeln und Städten. Aber auch Gebs Herrschaft dauerte nicht ewig; auch er zog sich in die Göttersphäre zurück und übergab die Herrschaft seinem Sohn Osiris. Osiris aber ist der erste Gott in dieser Genealogie, der einen Bruder, und damit einen Rivalen und Feind hat. Das ist der Gott Seth. Damit wurde die Herrschaft politisch, d.h. sie musste sich einem Feind gegenüber legitimieren und durchsetzen. Seth erschlug seinen Bruder Osiris, zerriss seinen Leichnam, verstreute die Glieder über ganz Ägypten und wollte die Herrschaft an sich reißen. Das wusste aber Isis, die Schwester und Ehefrau des Osiris zu verhindern. Sie sammelte die Glieder des Erschlagenen wieder ein und verstand sie mit ihren Klagen und Zaubersprüchen soweit wiederzubeleben, dass sie von ihm noch einen Sohn, Horus, empfangen konnte, der dann den Thron bestieg. Von Horus ging dann auf eine geheimnisvolle Weise, auf die ich unter dem Thema »Inkarnation« noch eingehen werde, die Herrschaft von den Göttern auf die menschlichen Könige über. In diesem Mythos beschreibt die Geschichte der Herrschaft, nachdem Himmel und Erde getrennt worden waren, eine Abwärtsbewegung: vom Luftraum zur Erde, von der Erde in die Unterwelt, in der Osiris nach seinem Tod als Herrscher der Toten eingesetzt wurde, und mit Horus dann zwar auf die Erde zurück, aber zugleich auch von der mythischen in die geschichtliche Zeit.

Zwei Motive in diesem Mythos erinnern unmittelbar an die paulinische Idee der Kirche: erstens die irdische Stellvertretung der an den Himmel entrückten Götter und der Gemeinschaft mit ihnen durch die Einrichtung des zunächst von anderen Göttern, dann von menschlichen Königen wahrgenommenen Königtums, und zweitens die über das Land verstreuten und wieder zusammengesetzten Glieder des Osirisleibes. Zunächst zum Motiv der irdischen Stellvertretung. Nachdem die Götter sich zum Himmel entfernt hatten, wurde auf Erden eine Institution eingerichtet, die in verschiedenen Medien symbolischer Vergegenwärtigung die Verbindung zwischen Göttern und Menschen aufrechterhalten sollte. Die Mitte dieses Systems bildet der Opferkult. Für den Zeitraum der Riten und Feste werden die Götter auf Erden noch einmal gegen-

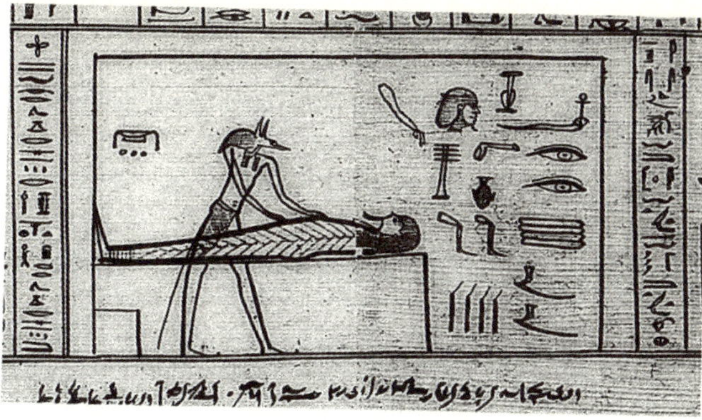

Abb. 3: Osirisglieder

wärtig und die Trennung zwischen Himmel und Erde ist aufgehoben. Dann wohnen die Götter ihren Kultbildern ein, und die Priester, in Stellvertretung des allein zum Umgang mit den Göttern berufenen Königs, können selbst eine Götterrolle verkörpern und ihnen im Rahmen der heiligen Handlung auf gleicher Ebene gegenübertreten. Dieser Opferkult bildet auch die Mitte und Hauptaufgabe des ägyptischen Staats, immer wieder heißt es: Die Könige sind auf Erden eingesetzt, um die Altäre der Götter mit Opfergaben auszustatten. Diese Opfer waren in erster Linie ein rein symbolisches Medium der Kommunikation. Die Ägypter wussten genau und betonten das mehrfach, dass die Götter diese Opfer nicht wirklich brauchten; sie brauchten sie als Medium und Zeichen des Zusammenhangs, in dem sie auch unter den Bedingungen der Trennung ihr segensreiches Wirken entfalten konnten. Zerrisse dieser Zusammenhang, dann würden die Götter in ihrer himmlischen Ferne zwar weiterleben, auf Erden aber sowohl Fruchtbarkeit als auch Gerechtigkeit erlöschen. Der ägyptische Staat war also ein vornehmlich geistliches

Institut und in dieser Hinsicht eher eine Kirche. Nicht der einzige, aber wohl der wichtigste Unterschied freilich bestand darin, dass ihm kein weltlicher Staat gegenüberstand, so wie dem frühen Christentum das römische Reich, sondern dass dessen Funktionen vom pharaonischen Staat ebenfalls wahrgenommen werden mussten. Nachdem das Christentum aber zur Staatsreligion geworden war, kam es vor allem dort, wo der König sich auch als geistliches Oberhaupt verstand wie etwa in Byzanz und in Frankreich zu Ägypten-artigen Formen von Sakralkönigtum und politischer Theologie. Umgekehrt hatte sich der klassisch-ägyptische Staatsgedanke unter den Bedingungen der persischen, griechischen und römischen Fremdherrschaft immer mehr in die Tempel zurückgezogen und gewissermaßen verkirchlicht. Der Opferkult, ursprünglich die Hauptaufgabe des Staates, wurde nun als ein heiliges Spiel unter weitgehendem Ausschluss der Öffentlichkeit hinter hohen Tempelmauern vollzogen.

Der entscheidende Vergleichspunkt zwischen dem ägyptischen Staatsgedanken und dem paulinischen Konzept der Kirche besteht in der Verknüpfung der Motive von Abwesenheit, Verbindung und Institution. Der ägyptische Staat und die christliche Kirche verstehen sich beide als Institutionen, die unter den Bedingungen der Abwesenheit eine Verbindung aufrechterhalten. Die Kirche beruht auf der Voraussetzung der Christus-Ferne, die sie zugleich kompensiert, wie Erik Peterson das in seinem Traktat *Die Kirche* formuliert hat: »Kirche gibt es nur unter der Voraussetzung, daß das Kommen Christi nicht unmittelbar bevorsteht«.[3] So wie die Kirche verschwindet mit der Wiederkehr Christi, verschwindet der pharaonische Staat, wenn der Sonnengott die Trennung von Himmel und Erde wieder aufhebt und die Welt in ihren Urzustand zurückkehrt.

Ich will nicht behaupten, dass Paulus das gewusst hat, ich will nur andeuten, dass derartige Vorstellungen damals in der Luft lagen. Das gilt ganz besonders für das zweite Motiv, das Motiv der zerrissenen und wieder versammelten Glieder, das überhaupt erst in der Antike und Spätantike in seiner politischen Bedeutung virulent und über Ägypten hinaus berühmt wurde.[4] In dieser Zeit, also unter den Bedingungen der persischen, griechischen und römischen Fremdherrschaft, entwickelte sich in Ägypten ein Ritual, das einmal im Jahr in allen größeren Tempeln des Landes gefeiert wurde: das »Choiakfest«.

Im Zentrum der Riten steht die Herstellung und feierliche Bestattung eines »Kornosiris«. Eine goldene Form wird mit Gartenerde und Gerstenkörnern gefüllt. Diese lässt man über einen Zeitraum von acht Tagen sprießen. Der entscheidende Aspekt dabei ist die Umwandlung aus der Zerrissenheit in die wiederhergestellte Einheit. Das wird in Form einer Prozession begangen, bei der die Personifikationen der 42 Gaue des Landes ein Körperglied des erschlagenen Osiris bringen, aus dem dann der Leib rituell wieder zusammengesetzt wird. Die begleitenden Reden machen deutlich, dass die Körperglieder die Gaue des Landes darstellen, so dass der auf diese Weise wieder zusammengesetzte und beseelte Osirisleib die Gesamtheit des Landes Ägypten bezeichnet:

Ich bringe dir die Städte und Gaue als deine Glieder.
Zugewiesen werden die Götter zu deinem Leib als dein Mysterium.
Die Gottesglieder sind die Gaugötter in ihrer wahren Gestalt.
Ich bringe dir die Göttergemeinschaft Oberägyptens in ihrer Gesamtheit:

Deine Gottesglieder sind an ihrem Platz versammelt.[5]

Ich bringe dir die Hauptstädte der Gaue: Es sind deine Glieder,
sie sind dein Ka, der bei dir ist.
Ich bringe dir deinen Namen, deinen Ba, deinen Schatten, deine Gestalt,
dein Bild und die Städte deiner Gaue.
Ich bringe dir die Hauptgötter Unterägyptens zusammen vereint.
Alle deine Körperglieder, sie sind vereint.[6]

Ich bringe dir die 42 Städte und Gaue:
Sie sind deine Glieder.
Gegründet ist für dich das ganze Land als Ort deines Körpers,
du gehst darin, du kommst darin.
Ich bringe dir die Körperglieder, damit du lebst.[7]

Ich bringe dir deine Gaue,
die zweiundvierzig sind mit dir: Sie sind dein Leib.
Deine Knochen sind für dich verknüpft,
dein Name ist »Herrscher der Hauptstädte«,
das ganze Land bewahrt deine Grabstätte.
So wahr Re lebt, du ruhst Tag für Tag
in deinem Namen »Der lebt und ruht«.[8]

Hinter diesen Riten steht offenbar die Sorge um den Fortbestand dieser Kultur selbst, und zwar über eine Krise hinweg, die als Zerrissenheit gedeutet und begangen wird. Diese Dinge lagen in den ersten christlichen Jahrhunderten überall in der Luft, denn der Kult von Isis und Osiris hatte sich längst im ganzen Mittelmeerraum verbreitet. Viele Kirchenväter und antike Autoren, Plutarch, Diodor, Clemens v. Alexandrien, Firmicus Maternus, Macrobius, Ammianus Marcellinus, Martianus Capella usw. zitieren die Riten und manche der mit ihnen verbundenen Vorstellungen.

Natürlich gibt es auch einen in die Augen fallenden Unterschied. In Ägypten ist die Idee der sich zu einem Gottesleib vereinigenden Glieder territorial gedacht: es sind die Gaue und Städte, über die Seth die Glieder des zerrissenen Osirisleibes verstreut hatte, die im Symbol der Kornmumie zu einem Leib vereinigt werden. Paulus dagegen deutet das Bild sozial, denn für die christliche Kirche gibt es kein fest umgrenztes Territorium. Vor allem gilt: hier ist keine bewusste Übernahme, sondern allenfalls indirekter Einfluss im Spiel. Paulus stellt sich mit seiner Konstruktion der christlichen Kirche nicht bewusst auf die Schultern der alten Ägypter, so wie die Apostel bewusst auf den Schultern der Propheten stehen. Das ist der entscheidende Unterschied, und er gilt genauso für die beiden nächsten Motive, Inkarnation und Unsterblichkeit, denen ich mich nun zuwenden möchte.

Das Motiv der Inkarnation hängt untrennbar mit dem so erstaunlich kirchlichen ägyptischen Staatsgedanken zusammen. Wir haben schon gesehen, dass im mythischen Geschichtsbild der alten Ägypter[9] mit dem Gott Horus die Herrschaft von der Ebene der Götter auf die Ebene der menschlichen Könige übergeht. So menschlich sind diese Könige aber gar nicht. Sie verkörpern den Gott Horus, dessen Name den frühesten Königstitel bildet. Während sich die älteren Götter nach Ausübung ihrer viele Jahrtausende umfassenden Regierungszeit wieder in ihre jenseitige Sphäre zurückgezogen haben, hat der Gott Horus sich in die Geschichte entfaltet. Er personifiziert das pharaonische Königtum. In der Terminologie der mittelalterlichen Lehre von den beiden Körpern des Königs[10] bildet er den »body politic«, den unvergänglichen Körper des Königs, zu dem dann in der geschichtlichen Kette der regierenden Häuser jeweils ein natürlicher, vergänglicher Körper des jeweiligen Amtsträgers hinzutritt:

Der König hat zwei Kapazitäten, denn er hat zwei Körper, von denen der eine ein natürlicher Körper ist, der aus natürlichen Gliedern wie bei jedem anderen Menschen besteht, und in diesem Körper unterliegt er den Leidenschaften und dem Tod wie andere Menschen; der andere ist ein politischer Körper, dessen Glieder seine Untertanen sind, und er zusammen mit seinen Untertanen bilden eine Korporation, wie Southcote sagte, und er ist mit ihnen inkorporiert wie sie mit ihm, und er ist das Haupt und sie sind die Glieder, und er hat die Alleinregierung über sie; und dieser Körper unterliegt nicht den Leidenschaften wie der andere und auch nicht dem Tode, denn in Betreff dieses Körpers stirbt der König nie, und sein natürlicher Tod wird in unserem Recht, wie Harper sagte, nicht der Tod des Königs, sondern die demise des Königs genannt, wobei das Wort demise nicht bedeutet, daß der politische Körper des Königs tot ist, sondern daß eine Trennung der beiden Körper stattgefunden hat (...).[11]

In ägyptischer Terminologie ist der Gott Horus der ›Ka‹ des regierenden Königs. Der Ka ist die »Sozialseele«, die der Mensch von seinen Vätern erbt und an seine Kinder weitergibt.[12] Beim König ist diese Seele ein Gott, und daher ist auch jeder König ein Gott und verkörpert den Gott Horus. Nach seinem Tode wird er zu Osiris, während der Horus-Ka an seinen Nachfolger übergeht.

Im Laufe des Alten Reichs, spätestens gegen 2600 v. Chr. tritt nun zu dieser Königsidee noch eine andere Konstruktion hinzu, die die Motive der Inkarnation und des Gottessohnes noch enorm verstärkt. Das ist der Mythos von der göttlichen Zeugung des Königskindes. Dieser Tradition zufolge, die im Ägypten des Neuen Reichs zum zentralen staatstragenden Mythos wird, hat der Sonnen- und Schöpfergott selbst den König mit einer irdischen Frau gezeugt. Hier tritt nun die Nähe zur neutestamentlichen und patristischen Christologie besonders deutlich hervor und ist auch schon mehrfach betont worden.[13] Allerdings wird von theologischer Seite meist eingewendet, dass ja auch das Alte Testament die Vorstellung des Gottessohnes kennt und dass das Christentum also auch hier eher auf den Schultern des alten Israels als des pharaonischen Ägyptens steht.

In der Tat wird in der Bibel der König als Sohn Gottes angeredet: »Du bist mein Sohn, heute habe ich dich gezeugt«, heißt es in Psalm 2, Vers 7. Jesaia weissagt den Messias, den Friedensfürsten, als Kind und Sohn des Höchsten. Und Israel insgesamt, das Gottesvolk, gilt als Sohn Gottes. Aber das ist ein Bild, um die Beziehung zwischen Gott und Volk bzw. Gott und König zu denken, das nie zu einer Geschichte ausgestaltet wird wie bei Lukas, wo in allen Details erzählt wird, wie Gott buchstäblich in einer sterblichen Frau einen Sohn zeugt, wie dieses Kind dann geboren wird und als Sohn Gottes auf Erden wandelt. Hier wird das Bild narrativ entfaltet und zugleich zum Mythos verdichtet, d.h. zu einer Geschichte, die sich Jahr für Jahr im Fest wiederereignet. Das ist etwas völlig anderes als die Herkunft und Kindheit der alttestamentlichen Könige, die in vollkommen menschlichen und irdischen Bahnen verläuft. Die alttestamentlichen Vorstellungen von der Gottessohnschaft des Königs haben selbstverständlich auch die christologische Idee der Gottessohnschaft aufs Intensivste geprägt, und doch ist da etwas Anderes hinzugetreten, das denn auch vom Judentum und später vom Islam aufs Schärfste abgelehnt wurde. Das ist einerseits, was ich das Inkarnatorische nennen möchte, also das Insistieren auf dem physischen, biologischen, fleischlichen Sinn der Gottessohnschaft im Gegensatz zum »Adoptianischen«, Metaphorischen und bloß Bildlichen, und andererseits ist es das Mythische, die narrative Ausgestaltung einer Konstellation zu einer hochbedeutsamen Geschichte. So etwas gibt es im Alten Testament nicht, aber dafür finden wir es in Ägypten.

Abb. 4: Der König und sein Ka

Der ägyptische König trägt seit der 5. Dynastie (um 2400 v. Chr.) den Titel »Sohn des Sonnengottes«. Aus späterer Zeit, vielleicht dem 18. oder 17. Jh. stammt ein Text, der erzählt, wie der Sonnengott mit einer sterblichen Frau Drillinge zeugt, die dann nacheinander den Thron Ägyptens besteigen.[14] Aus dem Neuen Reich, dem 15., 14. und 13. Jh. stammen verschiedene Versionen einer Bilderfolge, die den Mythos von der Geburt des Königs in 17 Szenen darstellen.[15] Hier wird erzählt, wie der höchste Gott Amun in der Götterversammlung ankündigt, einen neuen König zeugen zu wollen, der den Göttern Tempel bauen und Opfer darbringen wird, wie er dann Thot ausschickt, eine passende Partnerin auszukundschaften, wie dieser die Königin erwählt und Amun daraufhin dieser in der Gestalt ihres Gatten beiwohnt. Thot verkündet dann der Königin die Geburt eines Kindes, Chnum wird beauftragt, das Götterkind und seinen Ka auf der Töpferscheibe zu formen. Schließlich kommt der Tag der Entbindung. Das Neugeborene wird gereinigt, gesäugt und von seinem göttlichen Vater anerkannt. Es empfängt verschiedene Segensgaben der Götter, wächst heran und wird beschnitten. Der Zyklus schließt mit einer Szene, die genau der Eingangsszene entspricht und Amun in der Götterversammlung darstellt, wie er ihr den neuen König präsentiert.

Das klingt wie die ägyptische Version der Weihnachtsgeschichte. Freilich: Gott verwandelt sich nicht in die Gestalt Josephs des Zimmermanns und wohnt Maria nicht physisch bei. Marias Befruchtung ist ein Mysterium, das dann in der Vorstellung von der unbefleckten Empfängnis oder jungfräulichen Geburt ausgedrückt wird. Von Jungfräulichkeit ist im ägyptischen Mythos nicht die Rede, ebensowenig wie im griechischen Mythos von Amphitryon und der Geburt des Herakles, der zahlreiche Entsprechungen zum ägyptischen Königsmythos aufweist.[16] Aber immerhin ist die Vorstellung der Jungfrauengeburt in Ägypten auch nicht vollkommen fremd. Aus den Mysterien wird ein Ruf überliefert: *tharreite, Mystai: hē parthenos tetēken* »Fasst Mut, ihr Mysten: die Jungfrau hat geboren!«.[17] Auf eine ähnliche Vorstellung bezieht sich auch die Inschrift auf dem »verschleierten Bild zu Sais«, wie Proklos sie überliefert. »Ich bin alles, was ist, war und sein wird. Keiner hat meinen *chiton* (ein Untergewand) aufgehoben. Die Frucht meines Leibes war die Sonne.«[18] Das bezieht sich auf die jungfräuliche Geburt der Sonne aus der Himmels- und Muttergöttin Neith, ohne Mitwirkung eines Vaters. Vermutlich erklang der mystische Ruf zur Wintersonnenwende. Aber hier ist das Kind, das geboren wird, ein Gott: die Sonne, und kein Mensch wie im Königsmythos und in der Weihnachtsgeschichte.

Ein anderer Unterschied ist vielleicht noch entscheidender. Die Weihnachtsgeschichte erzählt von einem einzigen wahrhaft epochemachenden, zeitwendenden Ereignis. Nie vorher und nie nachher hat Gott sich in dieser Weise auf die Welt eingelassen. Der ägyptische Königsmythos dagegen bezieht sich auf jeden König und lässt Gott immer wieder zeugend in die Geschichte der Menschen eingreifen. Zweifellos haben wir es in der christlichen Welt mit einem vollkommen anderen Zeit- und Geschichtsbild zu tun. Hier steht das Ereignis der Inkarnation in der linearen Zeit, die irreversibel fortschreitet; in Ägypten dagegen steht es in einer zyklischen Zeit, die immer wieder von vorne anfängt. Jeder neue Pharao beginnt seine Regierungszeit mit dem Jahr 1. Das heißt aber nicht, dass dadurch jede Beziehung zwischen den beiden Konzepten, dem ägyptischen Königsmythos und der christlichen Geburtslegende, ausgeschlossen wäre. Es sieht doch vielmehr so aus, als

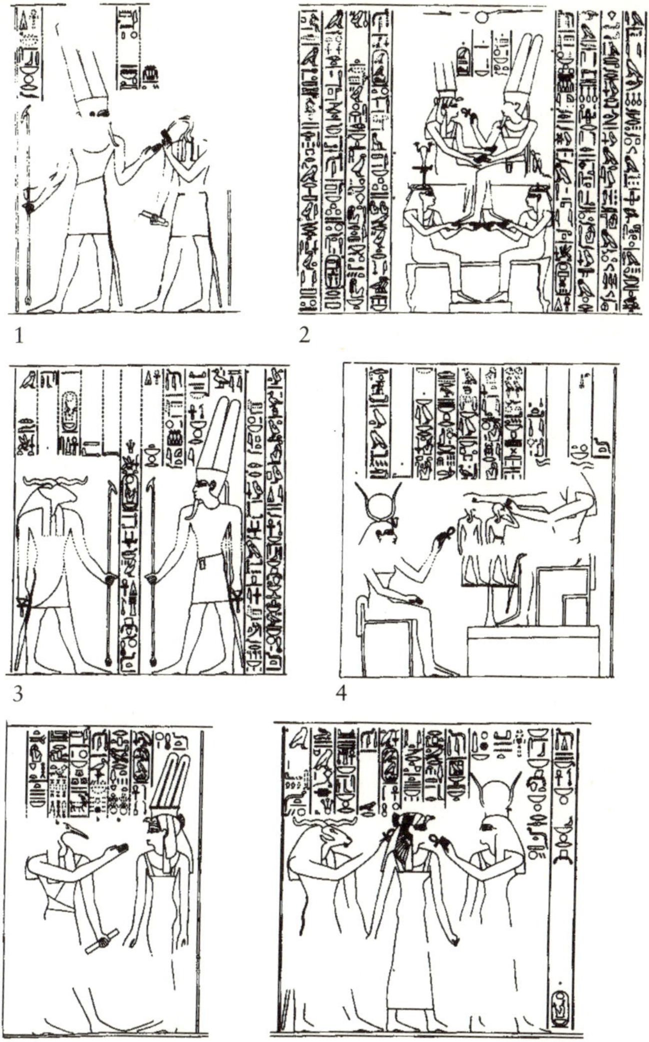

Abb 5: Die ersten 6 Szenen des Geburtsmythos

sei ein ägyptisches Bild gewissermaßen übersetzt worden, aus dem ägyptischen Zeit-, Geschichts- und Weltbild, das zyklisch und mythisch denkt, in das biblische Zeit-, Geschichts- und Weltbild, das eher linear denkt.

So einfach können die Dinge aber nicht liegen. Zwischen dem ägyptischen Königsmythos in der Zeit seiner Blüte und der lukanischen Geburtslegende liegen mehr als tausend Jahre. War der ägyptische Mythos in frühchristlicher Zeit überhaupt noch bekannt? Die Antwort lautet »Ja, aber ...« und ist nicht ganz einfach zu entwickeln. Der Mythos *war* bekannt, und zwar vermutlich sogar wesentlich bekannter und verbreiteter als im Neuen Reich, 1000 Jahre vorher, aber in einer anderen Form. Jetzt bezieht er sich nämlich nicht mehr auf den König, sondern auf das Götterkind der jeweiligen Tempeltriade, das alljährlich auf diese Weise zur Welt kommt. Jeder größere Tempel enthält ein sogenanntes Geburtshaus, in dem das Mysterium von der Geburt des Kindes dargestellt ist und rituell begangen wird. Das zyklische und mythische Element des Königsmythos hat sich nun noch enorm intensiviert. Mit Geschichte hat er gar nichts mehr zu tun. Hier geht es nur noch um die kosmischen Zyklen. Im Fest der Gottesgeburt feiert man die zyklische Zeit, die sich jährlich regeneriert. Der Gott, der sich alljährlich selbst als Kind zur Welt bringt, ist vielleicht die eindrucksvollste Allegorie der Reversibilität, der kreisförmigen Umkehrbarkeit der Zeit und der extremste Gegensatz sowohl zum linearen Zeit- und Geschichtsverständnis der Bibel als auch zum Ein-für-alle-Malhaften der Inkarnation, der sich denken lässt. Auf der anderen Seite aber hat sich der ägyptische Mythos auch der lukanischen Weihnachtsgeschichte angenähert. Denn nun ist er von einem politischen zu einem religiösen Phänomen geworden. Praktisch alle Ägypter begingen in damaliger Zeit in so gut wie allen religiösen Zentren Ägyptens jährlich das Fest der Gottesgeburt. In der religiösen Vorstellungswelt Ägyptens und damit auch der von ihm in der Ptolemäerzeit zeitweilig beherrschten Gebiete Palästinas, ebenso wie in allen Gegenden der damaligen Welt, in die die Mysterien der Isis vorgedrungen sind, ist das Bild von der Geburt des Kindes und der Erneuerung der Zeit fest verankert. Mit dem Zur-Welt-Kommen Gottes erneuert sich alljährlich die Zeit; auch wenn die Ägypter dabei an nicht viel anderes als an Nilüberschwemmung, Sonnenlauf und Fruchtbarkeit denken, hindert andere, im Rahmen anderer Sinn- und Zeitkonstruktionen lebende Menschen doch nichts daran, bei diesem Bild an ganz Anderes zu denken und es etwa mit messianischen und apokalyptischen Motiven zu verknüpfen.

Ist nun aber mit der Verschiebung des ägyptischen Königsmythos nicht gerade das christologisch entscheidende Moment verloren gegangen: das Inkarnatorische? Kommt denn Gott in Gestalt des Götterkindes wirklich zur Welt? Spielt sich die ganze Geschichte nicht jetzt nur noch in der Götterwelt ab? In der älteren, politischen Form ging es noch um Himmel und Erde, jetzt scheint es nur noch um den Himmel zu gehen. Das ist richtig und hängt wohl damit zusammen, dass der König in den Zeiten der persischen und dann griechischen und römischen Fremdherrschaft nicht mehr gut als Inkarnation Gottes verstanden werden konnte. Das Prinzip der Inkarnation verschiebt sich in der Spätzeit vom König auf ein Phänomen, das uns äußerst fremdartig anmutet: die heiligen Tiere und allen voran den Apis-Stier. Der Apis-Stier spielt als fleischliche Verkörperung eines Gottes auf Erden in der Spätzeit eine Rolle, die ihm nie zugekommen war in den klassischen Perioden der ägyptischen Kultur, und das muss mit dem Schwund

Abb. 6: Isis mit dem Horuskind

an inkarnatorischer Repräsentation im Königtum zu tun haben. Das inkarnatorische Denken steht Ägypten nahe. Es steht Ägypten um so näher, als es Israel fern steht.

Auch hier möchte ich aber betonen, dass diese Gedanken, von Ägypten ausgehend, damals in der Luft lagen und auf wie indirekten Wegen auch immer die neutestamentliche Vorstellungswelt beeinflusst haben könnten. Denken wir nur an Vergils 4. Ekloge mit dem Motiv des heilbringenden Kindes. Die Hoffnung auf eine Heilswende, eine neue Zeit, wie sie sich im Motiv der Geburt des Kindes verdichten, müssen damals viele Menschen bewegt haben.[19] In diesem Punkt treffen sich ja auch die alttestamentliche Prophetie (»denn es ist uns ein Kind geboren ...« – Jes. 9,5) und die neutestamentliche Christologie. Die Ägypter hatten seit Jahrtausenden Mythen und Riten, die dieser Hoffnung Ausdruck gaben. So ist es kein Wunder, dass sich ägyptische Motive in der damaligen Welt verbreiten konnten. Das Medium dieser Verbreitung waren die Isis-Mysterien, die Mysterien der Gottesmutter, die alljährlich das Horuskind zur Welt brachte. Gerade die »Umbuchung« des inkarnatorischen Königsmythos von der politischen auf die götterweltliche Ebene leistete dieser Verbreitung Vorschub. So erklärt sich auch, dass gerade die ägyptische Gestalt der Isis als Gottesmutter, das Gefäß der Inkarnation, im Christentum in Gestalt der Maria weiterleben und eine so zentrale Rolle spielen konnte. In Maria lebt Isis in zweierlei Gestalt weiter: als Himmelskönigin auf der Mondsichel und als Gottesmutter mit dem göttlichen Kind.

Abschließend möchte ich auf jene dritte Vorstellung eingehen, in der das christliche Abendland sich von Israel entfernt hat und Ägypten nahe gekommen ist. Das ist die Vorstellung von der Unsterblichkeit der Seele und der Vergeltung in einem ewigen Leben.[20] In Ägypten ist diese spezifische Verknüpfung von Gerechtigkeit und Unsterblichkeit seit alters zuhause[21], in Israel dagegen ist sie fremd. In Israel erfüllt sich die Gerechtigkeit Gottes in der Geschichte. Auch hier lohnt sich das Gute und rächt sich das Böse, aber nicht im Jenseits, sondern im Diesseits. Die Rechnungen, die im Rahmen einer Lebenszeit nicht aufgehen, begleichen sich in der Folge der Generationen. Die Geschichte nimmt hier den Platz eines Erfüllungshorizonts ein, den im ägyptischen Denken das Jenseits ausfüllt. An die Stelle der persönlichen Unsterblichkeit tritt die verheißene Ewigkeit des Gottesvolkes. Der Einzelne lebt zwar nicht im Jenseits, aber in seinen Nachkommen weiter.

Einen ersten Einbruch erleidet dieses Bild in der nachexilischen Zeit, mit Hesekiel. Jetzt, unter dem Schock einer geschichtlichen Katastrophe, in der das Volk die Sünden einer über zweihundertjährigen Verschuldungsgeschichte ausbaden musste, empfindet man es als unerträglich, dass die Söhne für die Sünden der Väter büßen müssen. Hier war zum ersten Mal von einem Schlussstrich die Rede. In dieser Situation verkündet Hesekiel einen Wandel. Solches Wort soll nun nicht mehr unter Euch gelten: die Väter haben saure Trauben gegessen und den Kindern sind die Zähne stumpf geworden (Hes. 18,2 vgl. Jer. 31,29f.). Sondern jeder soll nach seinen eigenen Taten gerichtet werden. Damit ist der Individualismus der Schuld an die Stelle der Kollektiv- und Generationenhaftung getreten. Das ist ein großer Schritt in Richtung auf Ägypten zu. Aber noch ist keine Rede von einer Abrechnung im Jenseits und einer Hoffnung auf ewiges Leben. Zwar findet sich bei Hesekiel auch schon die Vision einer Art Auferstehung: er schaut wie sich die Gräber öffnen, und die Gebeine der

Toten ihnen entsteigen (Hes. 37,12ff.). Aber das gehört noch nicht zum allgemeinen Totenglauben dieser Zeit, der nach wie vor davon ausgeht, dass mit dem Tode alles vorbei ist.

Erst in der Zeit der Makkabäerkriege, also um 170/160 v. Chr. kommt es zu einem weiteren Wandel der Jenseitsvorstellungen, und zwar im Zusammenhang des Märtyrertodes, der hier zum ersten Mal als ein Ideal formuliert wird.[22] Für den Märtyrer, der mit der Hingabe seines Lebens die höchste denkbare Leistung vollbringt, kann im Diesseits keine Rechnung mehr aufgehen. Wenn man an der Gerechtigkeit Gottes festhalten will, dann ist man gezwungen, an ein Jenseits zu glauben, in dem der Märtyrer seinen Lohn empfangen wird. Seit dieser Zeit setzt sich die Vorstellung durch, dass ein Märtyrer unmittelbar ins Paradies eingeht. Zu Jesu Zeiten glaubten die Pharisäer bereits allgemein an die Unsterblichkeit, während die Sadduzäer nach wie vor diesen Gedanken ablehnten.

Das Christentum hat die Unsterblichkeit und die jenseitige Vergeltung in das Zentrum seines Totenglaubens gestellt. Am Ende der Zeiten werden die Toten auferstehen und gerichtet werden. Die Guten werden in die ewige Seligkeit eingehen, die Bösen dagegen zu ewigen Höllenstrafen verdammt werden. In der späteren Geschichte des christlichen Abendlandes kommt dann noch die Idee des Fegefeuers hinzu.[23] Dadurch wird die Gerichtsvorstellung stärker individualisiert und auch die Zeit spielt jetzt eine viel größere Rolle. Jeder wird gleich nach dem Tod gerichtet, um die Zeit bis zur Auferstehung zur Abbüßung der Sünden im Fegefeuer nutzen zu können. Ein Blick auf die abendländische Kunst zeigt, in welchem Ausmaß das christliche Abendland von der Gerichtsidee besessen war.

In Ägypten sind solche Vorstellungen seit alters zu greifen. Schon im Alten Reich, also im 3. Jt. v. Chr. betonen die Grabherren in ihren Inschriften ihre Gerechtigkeit, so als müssten sie sich vor einem Tribunal rechtfertigen. Aber dieses Tribunal denkt man sich zu dieser Zeit wohl noch ganz im Diesseits; es besteht im sozialen Gedächtnis der Nachwelt, das den Unwürdigen vergisst und den Gerechten in Erinnerung behält. In diesen Inschriften drohen Grabherren auch mit einem »Gericht des Großen Gottes«, vor das sie Grabschänder zur Rechenschaft ziehen werden. Aus solchen Anfängen entwickelt sich früh, schon zur Schwelle des zweiten Jahrtausends, die Vorstellung, dass sich jeder nach seinem Tod einem solchen Gericht zu stellen und für sein diesseitiges Leben zu verantworten hat. Aus dieser Zeit stammt eine Weisheitslehre, in der folgende Verse stehen:

Die Richter, die den Bedrängten richten,
du weißt, daß sie nicht milde sind
an jenem Tag des Richtens des Bedrückten,
in der Stunde des Erfüllens der Vorschrift.
Schlimm ist der Ankläger, der ein Wissender ist.

Verlasse dich nicht auf die Länge der Jahre!
Sie sehen die Lebenszeit als eine Stunde an.
Wenn der Mensch übrig bleibt nach dem Landen,
werden seine Taten als Summe neben ihn gelegt.

Das Dortsein aber währt ewig.
Ein Tor, wer tut, was sie tadeln.
Wer zu ihnen gelangt ohne Frevel,
der wird dort sein als ein Gott,
frei schreitend wie die Herren der Ewigkeit.[24]

Hier wird nun klar gesagt, dass sich der Mensch nach dem Tod vor einem göttlichen Richter zu verantworten hat. Den Gerechten erwartet als Lohn das ewige Leben im

Jenseits. Er wird »dort« sein wie ein Gott, frei schreitend wie die Herren der Ewigkeit. Worauf es ankommt, ist, schon im Diesseits nichts zu tun, was im Totengericht zur Anklage führen und die ewige Seligkeit aufs Spiel setzen kann. Die Werte und Normen nun, um die es beim Totengericht ging, waren nicht so sehr anders als die Normen des christlichen Abendlandes. Es waren die Normen des sozialen Lebens. Nicht töten, nicht stehlen, nicht lügen, keine Unzucht treiben, nicht begehren, genau wie im Dekalog, dazu den König nicht beleidigen, den Gott nicht schmähen, keinen Aufruhr anzetteln, keinen Tempelbesitz antasten, aber auch sehr viel subtilere Dinge wie etwa niemanden bei seinem Vorgesetzten anschwärzen, keinen Schmerz zufügen, niemanden hungern lassen, keine Tränen verursachen, keine Tiere quälen, nicht am Beginn jeden Tages die vorgeschriebene Arbeitsleistung erhöhen, nicht schimpfen und streiten, niemanden belauschen, niemandem zuzwinkern, nicht zornig, nicht gewalttätig sein, sich nicht überheben und nicht taub sein gegenüber Worten der Wahrheit.[25]

Beim ägyptischen Totengericht genügte es aber nicht, solche Vergehen einfach verbal abzustreiten. Der Gott war ja allwissend. Diese Situation der Beichte vor einem allwissenden Gott wurde bildlich in der Szene der Herzwägung gestaltet, die man symbolisch zu verstehen hat. Während der Tote seine Unschuldsbeteuerungen vortrug, lag das Herz auf der Waage und wurde gegen eine Figur der Wahrheitsgöttin abgewogen. Es handelte sich um eine Art Lügendetektor: bei jeder Lüge würde die Waagschale mit dem Herzen sinken. Wird das Herz am Ende zu schwer befunden, würde ein Monstrum es verschlingen. Der Mensch würde als Person verschwinden, während er günstigenfalls als Person erhalten bleibt.

Abb. 7: Die Wägung des Herzens im Totengericht

Dieses wunderbare Bild gibt keine wirkliche Wägezeremonie wieder, sondern macht in der Weise des Symbols das Unsichtbare sichtbar: die Beziehung zwischen dem Gewissen des Menschen, symbolisiert im Herzen, und dem Willen und Wissen Gottes, symbolisiert in der Figur der Maat. Das Bild der Seelenwägung gehört auch fest in die christlich-abendländische Ikonographie. Hier ist es der Erzengel Michael, der die Seelen wägt.[26]

Das Totengericht verkörpert für die Ägypter die Hoffnung auf Erlösung vom Tode und ein ewiges Leben. Mit dieser Vorstellung fällt das alte Ägypten vollkommen aus dem Rahmen der anderen antiken Religionen und ganz besonders des Alten Israel heraus.

Abb 8: Der Heilige Michael und die Seelenwaage

Um den Hauptunterschied auf eine bündige Formel zu bringen: alle genannten Religionen ebenso wie auch die Religion des alten Israel unterscheiden, was die menschliche Existenz angeht, Lebenswelt und Todeswelt, oder Oberwelt und Unterwelt. Daneben gibt es noch eine Götterwelt, aber die hatte mit der menschlichen Existenz nichts zu tun und stand den Toten fern. Die Lebens- oder Oberwelt ist die Welt, in der die Lebenden leben, und die Unter- oder Todeswelt ist die Welt, in der die Toten tot sind. Dort leben die Toten nicht etwa auf oder weiter, sondern verbringen lediglich ihr Totsein. Es gehört zur Definition des Totseins, dass man aus der Lebenswelt nicht einfach ins Nichts verschwindet, sondern in die Todeswelt übergeht als dem Ort der Toten. Aus der Todeswelt gibt es normalerweise keine Errettung, weder zurück in die Lebenswelt, wie es Orpheus für Eurydike versucht und Jesus für Lazarus bewirkt hatte, noch in die Götterwelt, was allenfalls einmal als eine so große und seltene Ausnahme geschieht, dass sie durch ihre Exzeptionalität die Regel bestätigt. Die Menschen existieren als Sterbliche in zwei Welten, der Lebens- oder Oberwelt und der Todeswelt. In der Oberwelt leben sie lediglich in ihren Nachkommen, und in besonderen Fällen auch im Gedächtnis weiter.

Auch nach ägyptischer Vorstellung gehen die Menschen mit dem Tode in die Todeswelt über, in der die Toten nichts als tot sind. Die Ägypter malen diese Todeswelt sogar in sehr krassen Farben aus. Dort gehen die Toten auf dem Kopf und leben von ihren Exkrementen. In dieses finstere, licht- und wasserlose, gottferne Land ohne Wiederkehr voller Ungeheuer und Dämonen, muss alles hinab, was da lebt auf Erden, aber jedem eröffnet sich auch mit dem Totengericht die Chance der Erlösung und des Übergangs in die elysische Welt der Götter. Diese

Erlösungsperspektive ist das Besondere der ägyptischen Religion, durch die sie sich einerseits aus ihrer kulturellen Umwelt heraushebt und andererseits einen Vorläufer darstellt zur antiken Erlösungsreligiosität, wie sie zunächst in griechischen Mysterienkulten, und dann auch in den großen Religionen Gestalt gewinnt: Rabbinisches Judentum, Christentum und Islam.

Diese Erlösungsperspektive leitet sich aus der Aufspaltung des Jenseits in Todeswelt und Elysium her. Fragt man nach den Ursprüngen dieser Aufspaltung stoßen wir wieder, wie bei den Motiven der Kirche und der Inkarnation, auf die politisch-theologische Idee des pharaonischen Königtums. Im Alten Reich war das Elysium dem König vorbehalten, er schwang sich im Tode falkengleich himmelan in die Götterwelt, während die Menschen sich, wie es heißt, in der Erde verbergen.[27] In den Pyramidentexten bildet die Distanzierung des Königs vom Schicksal alles Sterblichen das zentrale Thema. Das Elysium war also eine im Ursprung politische Idee; es überragte so weit die Todeswelt, wie die Gestalt des Königs die Menschenwelt überragte.

Mit dem Untergang des Alten Reichs weitete sich das königliche Jenseitsbild potentiell auf alle Menschen aus. Damit verlor die Unterscheidung zwischen Todeswelt und Elysium ihren politischen Sinn (dem König das Elysium, den Menschen die Todeswelt) und öffnete sich anderen Interpretationen. Sie wurde vor allem zu einer Frage der Moral. So kam es zur Idee des Totengerichts. Nicht die Göttlichkeit des Königsamtes errettete den Toten aus der Todeswelt, sondern seine Güte und Gerechtigkeit. Güte und Gerechtigkeit werden jetzt als Vorbedingungen nicht nur zur Fortdauer im sozialen Gedächtnis, also auf Erden, verstanden, sondern auch zum Übergang in die elysische Welt, in der man von Tod und Vergessen erlöst ist.

Dieses Elysium ist alles andere als die alttestamentliche Sche'ol oder der griechische Hades, wo die Toten nur noch ein Schattendasein führen. Es gleicht viel eher Dantes Paradiso. Die Gerechtfertigten reihen sich ein in die Chöre, die dem Sonnengott über den Himmel folgen und Osiris in der Unterwelt umgeben, die das Antlitz der Götter schauen und für immer Gott nahe sind. Gerade dieser Gedanke, dass der Tod eine Schwelle ist, die uns Gott nahe bringt und IHN von Angesicht zu Angesicht schauen lässt, verbindet das christliche Abendland mit Ägypten, in scharfem Gegensatz zum Todesbild des Alten Testaments. Dort ist man im Leben Gott nahe, im Tode, in der Sche'ol aber gibt es keine Gottesnähe. Der Prophet Jesaia sagt: »Ja, in der Unterwelt dankt man dir nicht, die Toten loben dich nicht; wer ins Grab gesunken ist, kann nichts mehr von deiner Güte erhoffen.« (Jes. 38,18). In den Psalmen heißt es immer wieder: »Denn bei den Toten denkt niemand mehr an dich. Wer wird dich in der Unterwelt noch preisen?« (Ps. 6,6); »Was nützt dir mein Blut, wenn ich begraben bin? Kann der Staub dich preisen, deine Treue verkünden?« (Ps. 30,10); »Wirst du an den Toten Wunder tun, werden Schatten aufstehn, um dich zu preisen? Erzählt man im Grab von deiner Huld, von deiner Treue im Totenreich? Werden deine Wunder in der Finsternis bekannt, deine Gerechtigkeit im Land des Vergessens?« (Ps. 88,11–13); »Tote können den Herrn nicht mehr loben, keiner, der ins Schweigen hinabfuhr.« (Ps. 115:17); »Wer wird in der Unterwelt den Höchsten loben anstelle derer, die leben und ihn preisen? Beim Toten, der nicht mehr ist, verstummt der Lobgesang; nur der Lebende und Gesunde preist den Herrn.« (Jes.Sir.

17,27–28). Ähnliches findet sich auch im apokryphen Baruch-Buch: »Denn nicht die Toten in der Unterwelt, aus deren Leib der Atem weggenommen ist, preisen die Ehre und Gerechtigkeit des Herrn, sondern die Menschen, die in großer Bedrängnis leben, gebeugt und kraftlos einhergehen und deren Augen schwach sind, die Menschen, die hungern, sie preisen deine Ehre und Gerechtigkeit, Herr.« (Baruch 2,17f.) Im alten Ägypten ist das, wie später im Christentum (und dann übrigens auch im nachbiblischen Judentum und im Islam) genau umgekehrt, hier gehen die seligen Toten mit den jenseitigen Adoranten Gottes, in Ägypten z. B. den »Sonnenaffen«, im Christentum mit den Engelchören eine *unio liturgica* ein.[28]

Kirche, Inkarnation und Erlösung vom Tode zum ewigen Leben, diese Kernstücke des christlich-abendländischen Welt-, Menschen- und Gottesbildes verbinden das Abendland mit dem alten Ägypten. Diese Verbindung ist aber eine ganz andere als die mit dem Alten Testament, die im Bild von den Zwergen auf den Schultern von Riesen Ausdruck findet. Hier geht es um bewusste Erinnerung, um Tradition und kulturelles Gedächtnis. Das christliche Abendland steht auf den Schultern des Alten Testaments und der klassischen Antike, weil es sich selbst auf diese Schultern gestellt, d. h. die hebräische Bibel in seinen Kanon übernommen und die klassischen Autoren zugleich mit den heiligen Schriften getreulich kopiert und gepflegt hat. Von den Bezügen zur altägyptischen Kultur, wie ich sie hier herauspräpariert habe, war nichts bekannt. Sie treten erst im Blick der modernen Ägyptologie ans Licht. Das heißt nicht, dass die altägyptische Kultur ganz in Vergessenheit geraten war. Im Gegenteil, sie spielt sowohl in der Bibel als auch und ganz besonders bei den klassischen Autoren und den Kirchenvätern eine ganz bedeutende

Rolle und blieb dadurch im kulturellen Gedächtnis des Abendlandes immer präsent. Aber das war ein anderes Ägypten, das Ägypten der hermetischen und hieroglyphischen Weisheit, das Ägypten des Sklavenhauses, in dem die Israeliten Frondienst leisten mussten und das Ägypten der heiligen Affen und Krokodile.

Die Motive, die ich in diesem Kapitel behandelt habe, spielten in dieser Überlieferung keine Rolle, und das Christentum war sich dieser Bezüge nicht bewusst. Ich will nicht so weit gehen, zu sagen, dass diese Ideen direkt aus Ägypten übernommen wurden – wer weiß auf welchen Wegen sie in die christliche Welt gelangt sind – aber doch behaupten, dass sie eine Annäherung an – und vom Alten Testament her gesehen geradezu eine Rückkehr nach – Ägypten darstellen. Wo immer das Christentum sie hergenommen hat, sie haben es der ägyptischen Welt näher gebracht und damit vielleicht dazu beigetragen, dass das Christentum gerade in Ägypten einen so frühen und so überwältigenden Erfolg hatte.

Zweites Kapitel

Hieroglyphen – Ägypten in der abendländischen Grammatologie

Wir haben gesehen, dass das Christentum in drei sehr wesentlichen Punkten auf den Schultern nicht des Alten Testaments, sondern des alten Ägypten steht. Es ist sich dieser Herkunft aber nicht bewusst, es hat sich nicht bewusst und entschieden auf diese Schultern gestellt, so wie auf die Schultern der alttestamentlichen Propheten, sondern das Ägyptische lebt unerkannt und unbewusst im Christentum fort. Vielleicht darf man hier von kultureller Unbewusstheit, oder vielmehr von unbewussten Bereichen des kulturellen Gedächtnisses sprechen. Ganz anders steht es nun mit den Themen Schrift und Mysterium, denen wir uns nun zuwenden wollen. Mit diesen Themen verlassen wir die Religion im engeren Sinne und fassen die abendländische Kultur als Ganzes ins Auge.

Das Abendland steht bekanntlich auf den Schultern nicht nur der Bibel, sondern auch der klassischen Antike, es wurzelt, anders gesagt, in Athen und Jerusalem. Vielleicht hat auch die griechische Wurzel während des Mittelalters in einem ähnlichen Dornröschenschlaf gelegen wie dies für die ägyptischen Wurzeln des Christentums gilt; immerhin aber haben an der äußersten Peripherie des Reiches irische Mönche und syrische Gelehrte unermüdlich daran gearbeitet, die wichtigsten Bestände der untergegangenen antiken Kultur ins christliche bzw. islamische Mittelalter hinüberzuretten, wo es zwar nicht im Vordergrund des kulturellen Gedächtnisses residierte – dieser war von der christlichen bzw. islamischen Literatur besetzt, aber doch im Hintergrund, es gehörte, um eine Unterscheidung von Aleida Assmann aufzugreifen, nicht zum Funktions-, aber zum Speichergedächtnis der abendländischen Kultur.[29] Das änderte sich bekanntlich grundlegend während jener kulturellen Revolution, die wir als Renaissance bezeichnen. Jetzt traten die antiken Texte in den Vordergrund, und es zeigte sich, dass auch die Griechen auf den Schultern einer anderen Kultur standen, dem Alten Ägypten, das ihnen als Chiffre und Sammelname für alles ihnen Vorausliegende galt.[30] Etwas Entsprechendes gilt natürlich auch für Israel, was erst jetzt in seiner ganzen Bedeutung erkannt wurde. Auch Israel war ja 400 Jahre in Ägypten gewesen, in Ägypten aus einer Sippe zum Volk geworden und aus Ägypten ausgezogen. Athen wie Jerusalem, die beiden Pfeiler, auf denen das Abendland aufruhte, blickten ihrerseits noch einmal auf das alte Ägypten als auf ein ihnen vorausliegendes Altertum zurück.[31] Dieser Rückblick hatte allerdings in beiden Kulturen einen diametral entgegengesetzten Charakter. Die Israeliten blickten mit dem Abscheu des Konvertiten oder Rekonvertiten auf ihre ägyptische Vergangenheit, mit dem Blick der Abkehr; die Griechen dagegen blickten mit Faszination auf das alte Ägypten bzw. den alten Orient und sahen darin zugleich Vorbild und Herkunft ihrer Kultur. Dass das wirkliche alte Ägypten sowohl im israelitischen Blick der Abscheu als auch im griechischen Blick der Faszination nur in höchst verzerrter Form erfasst wurde, steht auf einem anderen Blatt; wichtig ist lediglich, dass beide Kulturen, mit welchem Recht auch immer, sich dieser Herkunft bewusst waren und darauf als ein ihnen vorausliegendes Altertum, eine Art historischer Tiefenzeit verweisen.

Dadurch, dass sich das Abendland, um wieder auf unser Ausgangsbild zurückzukommen, auf die Schultern von Riesen stellte, die ihrerseits auf den Schultern anderer Riesen standen, nahm das kulturelle Gedächtnis des Abendlandes die Struktur einer doppelt gestaffelten Tiefenzeit an. Vielleicht ist es diese doppelt gestaffelte Tiefenzeit, die das Besondere des abendländischen Kulturgedächtnisses bildet. Den Normalfall eines hochkulturellen, d.h. schriftgestützten Gedächtnisses bildet ein Zeithorizont von zwei- bis dreitausend Jahren, wie ihn Goethe in seinem »Lied des Unmuts« aus dem West-Östlichen Diwan umreißt:

Wer nicht von dreitausend Jahren
Sich weiß Rechenschaft zu geben,
Bleib im Dunkeln, unerfahren
Mag von Tag zu Tage leben.

Dreitausend Jahre, grob gesprochen, fühlte sich Goethe von Aeneas und Mose entfernt, jenen beiden Auswanderern, die die Fundamente zu den Säulen des Abendlandes gelegt haben, aber entsprechende dreitausend Jahre konnten sich auch gebildete Juden, Griechen und Römer der Antike von den Gründern der altorientalischen Hochkulturen entfernt fühlen. Goethes dreitausend Jahre bilden mehr oder weniger den Normalfall eines kulturellen Gedächtnisses. Nur im Abendland aber zeichnet sich jenseits dieser Grenze, und vermittelt durch eine ganz andere, fremde Kultur, noch einmal ein vergleichbar tiefer Überlieferungsraum ab.

Die alten Ägypter waren konservativ. Sie setzten alles daran, einen im dritten vorchristlichen Jahrtausend, also noch im Ausgang der Steinzeit entwickelten Kanon von Bauformen, Schriftzeichen, Sprachformen, Riten, Bildgedanken, Statuentypen usw. möglichst unverändert zu bewahren. Dadurch tat sich den Menschen des klassischen Altertums, auf die wir als unsere fernsten, fremd gewordenen Vorfahren und Vorbilder blicken, in Ägypten der Blick in eine ebenso ferne und fremde Welt auf, in der man noch steinzeitlichen Formen begegnen konnte. In den Tempeln der griechisch-römischen Zeit waren z.B. noch dieselben Ritualtexte in Gebrauch, die bereits mehr als zweitausend Jahre früher in den Pyramidentempeln der Könige des Alten Reichs rezitiert wurden. In Ägypten konnten die Griechen ein steinzeitliches Altertum noch als lebendige Kultur erleben. Eine Ägyptenreise galt ihnen daher als eine Art Zeitreise zu den Quellen und Ursprüngen menschlicher Kultur.

So ergibt sich die dem Abendland eigentümliche Gedächtnisstruktur, die Thomas Mann im Eingang zu seinen Josephromanen so unvergleichlich treffend beschreibt. »Tief ist der Brunnen der Vergangenheit. Sollte man ihn nicht unergründlich nennen?« Der Eindruck der Unergründlichkeit ergibt sich, wie Mann zeigt, dadurch, dass jeder scheinbare Anfang auf Früheres verweist, so wie sich dem Küstenwanderer hinter jeder Bucht neue »Dünenkulissen« auftun. Hinter den griechischen und biblischen Anfängen unserer Welt und hinter den dreitausend Jahren unseres abendländischen Kulturgedächtnisses tun sich, wenn wir diese Texte lesen, allerorten die Dünenkulissen der altorientalischen Hochkulturen auf. Das ist es, was ich mit dem Ausdruck »gestaffelte Tiefenzeit« meine.

An vielen Beispielen ließe sich das aufzeigen. Einige habe ich im vorigen Kapitel erwähnt: Was wäre die christliche Religion ohne die ägyptischen Ideen des Totengerichts, d. h. der Verantwortlichkeit des Menschen für seine Lebensführung vor einem göttlichen Richterstuhl, und der Inkarnation, d. h. der Menschwerdung Gottes in Gestalt eines in einer irdischen Frau gezeugten und geborenen heilbringenden Königskindes? Von dieser Herkunft wissen die christlichen Texte jedoch, wie gesagt, nichts mehr; diese ägyptischen Ursprünge sind dem kulturellen Gedächtnis nicht mehr bewusst, sondern treten erst in der religionsgeschichtlichen Forschung wieder hervor.

Daneben gibt es aber auch Beispiele, in denen die Tradition selbst Ägypten als Ursprung herausstellt, in denen Ägypten also durch die Jahrhunderte und Jahrtausende hindurch als ein Fernhorizont abendländischer Überlieferung präsent gehalten wurde. Auf solche Beispiele möchte ich jetzt eingehen. Das gerade kennzeichnet ja die Sonderstellung Ägyptens im kulturellen Gedächtnis des Abendlandes, dass es eigentlich nie »entdeckt« wurde, so wie Indien, China oder Amerika; es war ja im Grunde nie in Vergessenheit geraten, sondern in Gestalt seiner überwältigenden Denkmäler und vor allem zahlloser griechischer, lateinischer, hebräischer, aramäischer und arabischer Texte immer präsent geblieben. Unter diesen nehmen die griechischen Texte eine Sonderstellung ein, und dies aus zwei Gründen. Erstens haben die Griechen in ihrer Faszination für die altägyptische Kultur eine regelrechte Ägyptologie entwickelt und eine Ägyptenliteratur geschaffen, von der sich immerhin, von zahllosen Zitaten und Bezugnahmen abgesehen, sechs umfassende Monographien erhalten haben: Herodots II. Buch seiner *Historien*, Diodors I. Buch seiner *Historischen Bibliothek*, das weitgehend auf Hekataios von Abdera, einem Autor des späten 4. Jhs. beruht, Strabons 17. Buch seiner *Geographie*, Plutarchs Traktat *De Iside et Osiride*, Jamblichs

Brief an Abammon (bekannt unter dem Renaissance-Titel *De Mysteriis*) und Horapollons zwei Bücher über *Hieroglyphen*, und zweitens haben sich ägyptische Autoren selbst, die – anders als ihre griechischen Kollegen – Zugang zu den originalen Quellen hatten, an diesem Diskurs beteiligt, deren Werke zwar bestenfalls in einigen Zitaten erhalten sind, deren Kenntnis wir aber bei den griechischen Autoren voraussetzen müssen, so dass dieser gräco-ägyptische Diskurs nicht nur das griechische Bild von Ägypten, sondern auch das den Griechen vermittelte Selbstbild der spätägyptischen Kultur wiedergibt und daher viel ernster genommen werden muss als es gemeinhin geschieht.[32]

Das griechische Bild von Ägypten, hinter dem vielleicht das spätägyptische Bild der eigenen Kultur steht, stellte vor allem drei Aspekte dieser Kultur in den Vordergrund: erstens die pharaonische Staatsform, die der Bibel zwar als »Haus der Knechtschaft«, einigen griechischen Autoren aber als Vorbild einer aufgeklärten, auf gerechte Gesetze gegründeten Monarchie galt, zweitens die differenzierte Schriftkultur, die zwei oder sogar drei ganz verschiedene Schriften für verschiedene kommunikative Zwecke verwendete und drittens die Mysterien bzw. die Struktur einer doppelten Religion mit einem exoterischen Polytheismus fürs Volk und einem esoterischen Monotheismus für die Weisen. Diese drei Themen beherrschten die antike Ägyptenliteratur, und sie waren es auch, die das abendländische Ägyptenbild bestimmten. Ägypten, mit anderen Worten, stand für die politische Theologie des absolutistischen Staates, die Utopie einer natürlichen (nicht-konventionellen) Schrift bzw. Sprache, und für die Allianz von Wahrheit und Geheimnis, das »verschleierte Bild von Sais«, die in den Geheimgesellschaften der Aufklärung, insbesondere der Freimaurerei, eine so große Rolle spielte.

Den ägyptischen Staat und seine politische Theologie habe ich unter den Stichworten »Kirche« und »Inkarnation« im ersten Kapitel bereits kurz gestreift. In diesem und im dritten Kapitel möchte ich mich auf die beiden anderen Aspekte des abendländischen Ägyptenbildes, die Grammatologie und die Mysteriologie konzentrieren. Das sind die beiden Aspekte, für die sich die Tradition am häufigsten und entschiedensten auf das alte Ägypten bezieht. Sie sind gerade deshalb so interessant, weil die moderne Ägyptologie sie beide als Missverständnisse entlarven zu können glaubte. Das grammatologische Missverständnis beruht auf der Deutung der Hieroglyphen als einer Symbol- und Begriffsschrift ohne Lautbezug. Seit Champollion kennen wir aber die Lautwerte der Hieroglyphen und können erst dadurch diese Schrift lesen. Das religionsgeschichtliche Missverständnis beruht auf einer unreflektierten Rückprojektion griechischer, insbesondere neuplatonischer Vorstellungen in die altägyptische Welt. Seit wir die altägyptischen Quellen selbst lesen können, ist dieser vermeintliche Zusammenhang zerrissen.

Wir stehen also, was die Beziehung des Abendlands zu Ägypten angeht, vor einem höchst paradoxen Befund. Sie ist durch Kontinuitäten bestimmt, von denen die einen zwar realiter, geschichtlich, erweisbar, aber der Tradition nicht bewusst sind, ja geradezu verleugnet werden (gilt Ägypten doch in der religiösen Tradition als Inbegriff des Heidentums oder »Götzendiensts«), von denen die anderen dagegen stark betont und gepflegt werden, sich aber im Licht historischer Forschung als haltlose Konstruktionen und Projektionen erweisen.

Wie geht man mit solchen Konstruktionen um? Die herkömmliche Methode besteht darin, sie als Missverständnisse zu entlarven. Das ist natürlich wichtig und verdienstvoll, vermag aber nicht zu erklären, warum und wodurch diese Missverständnisse eine so außerordentliche Wirkung entfalten und die historische Phantasie und künstlerische Kreativität des Abendlandes über Jahrhunderte hin beflügeln konnten. Was war denn so faszinierend an den ägyptischen Hieroglyphen und Mysterien? Diese Frage bleibt im Paradigma der Entlarvung unbeantwortet. Daher empfiehlt sich noch ein anderer Weg, der das kritische Paradigma nicht ersetzen, aber ergänzen kann. Das ist der Weg der Gedächtnisgeschichte. Die Gedächtnisgeschichte fragt nicht, wie es eigentlich gewesen, sondern warum die Geschichte erzählt wird: wann, von wem, zu welchem Zweck. Entsprechend lässt sich in Bezug auf die ägyptischen Hieroglyphen und Mysterien auch fragen: nicht, wie sie eigentlich funktionieren, sondern warum sich das Abendland so fasziniert mit ihnen beschäftigt hat: wann, wer genau, mit welchen Interessen? Wenn man diese Methode nicht im Sinne der Ersetzung, sondern der Ergänzung praktiziert, also auch die andere Frage nach dem, wie etwas eigentlich gewesen bzw. eigentlich funktioniert immer im Blick behält, ergeben sich interessante Zusammenhänge zwischen Realgeschichte und Gedächtnisgeschichte. Es zeigt sich dann oft, dass die Tradition doch einen wahren Kern hat und nicht auf reinen Missverständnissen beruht. So können Realgeschichte und Gedächtnisgeschichte voneinander profitieren.

In diesem Sinne möchte ich mich nun den Debatten zuwenden, die sich an die ägyptischen Hieroglyphen und an die Mysterien geknüpft haben.[33] Für beide Themenbereiche, die überdies, wie wir noch sehen werden, eng miteinander zusammenhängen, hatte die abendländische Tradition nur griechische und lateinische Texte zur Verfügung. Die ägyptischen Texte waren ja mit dem Verlust

Abb. 9: Hieroglyphen

der Schriftkenntnis unlesbar geworden. Trotzdem gab es auch in der Überlieferungsgeschichte der griechischen und lateinischen Texte eine Wende, die der Entzifferung der Hieroglyphen an Bedeutung kaum nachsteht. Das ist die Renaissance. Zwar waren viele dieser antiken Autoren – Herodot, Diodor, Plutarch, Porphyrios, Iamblichos, Apuleius, die Kirchenväter – durchs Mittelalter hindurch getreulich kopiert und gewiss auch gelesen worden. Die Renaissance aber las sie erstens mit ganz anderen Augen und ergänzte sie zweitens durch eine Fülle neu aufgefundener Texte. In dieser Zeit wurden die Klosterbibliotheken der gesamten christlichen Welt auf antike Handschriften durchforstet. Dabei wurden auch zwei Handschriften entdeckt, die das Ägyptenbild revolutionierten und die beiden Diskursparadigmen auslösten, die uns hier beschäftigen sollen: den grammatologischen Diskurs über die Hieroglyphen und den religionsgeschichtlichen Diskurs über die Mysterien. Das eine ist die Handschrift des Horapollon Nilotes mit zwei Büchern über Hieroglyphen[34], entdeckt im Jahre 1419 in einem Kloster auf der Insel Andros, das andere der *Poimandres* oder das *Corpus Hermeticum*, eine Sammlung von 17 Traktaten oder Lehrgesprächen des Hermes Trismegistos, das 1463 aus Byzanz nach Florenz gelangte.

An die Wiederentdeckung des Horapollon knüpfte sich der grammatologische Diskurs. Es handelte sich dabei um die Wiederaufnahme einer Debatte, die Platon in seinem Dialog *Kratylos* aufgeworfen und Aristoteles ein für alle mal entschieden zu haben schien. Dabei ging es um die Frage nach dem Bezug zwischen Sprache und Wirklichkeit. Besteht zwischen den Worten der Sprache (*verba*) bzw. den Zeichen der Schrift (*signa*) und den Dingen der Wirklichkeit, auf die sie verweisen, eine natürliche oder eine nur konventionelle Beziehung? Diese Frage war von Aristoteles im Sinne der Konventionalität entschieden worden. Zunächst einmal unterscheidet Aristoteles kategorisch zwischen Sprache und Schrift und ordnet die Schrift der Sprache unter. Die Sprache, sagt Aristoteles, bezieht sich auf *ta en psychē* »was in der Seele (d.h. im Bewusstsein) ist«, die Schrift dagegen auf *ta en phonē* »was in der Stimme ist«. Die Schrift kodiert Sprachlaute, die Sprachlaute kodieren Begriffe und Gedanken. Das ist das Prinzip der mittelbaren Bezeichnung[35], bei dem die Sprache vermittelnd zwischen Denken und Bezeichnen tritt. In der aristotelischen Semiotik herrscht die Konvention. Die Beziehungen zwischen Schriftzeichen und Sprachlauten ist ebenso willkürlich oder konventionell wie die Beziehung zwischen Sprachlauten und Gedanken. Man kann ja denselben Sprachlaut in vielen verschiedenen Schriften und denselben Begriff in vielen verschiedenen Sprachen ausdrücken. Solange man nur die abendländischen Alphabetschriften – griechisch, lateinisch, allenfalls noch hebräisch und später dann arabisch – kannte, schien diese Deutung von überwältigender Evidenz und der Fall damit erledigt. Mit der Wiederentdeckung des Horapollon aber erschien diese Frage nun in einem völlig neuen Licht. Denn in den Hieroglyphen, wie Horapollon sie erklärte, glaubte man nun Zeichen vor sich zu haben, die sich nicht auf Sprachlaute, sondern unmittelbar auf Dinge beziehen, und das überdies nicht aufgrund konventioneller Vereinbarung, sondern natürlicher (ikonischer) Beziehung.

Horapollon war ein Ägypter, der zu Anfang des 5. Jhs. lebte, als die Kenntnis der Hieroglyphenschrift in Ägypten bereits ausgestorben war. Wir dürfen aber nicht vergessen, dass er auf ältere, uns heute verlorene Werke zurückgreifen konnte, die noch auf der lebendigen Kenntnis der Hieroglyphen beruhten. Er gehörte zu einer bedeutenden, hoch gebildeten Familie in Akhmim, die u.a. auch den Dichter Nonnos zu den Ihren zählte. »Hieroglyphica« war ein beliebtes Thema der ägyptisch-griechischen Literatur. Horapollon gibt sein Werk als Übersetzung aus dem Ägyptischen aus, was gewiss eine Fiktion ist, auch wenn Ägyptisch bzw. Koptisch tatsächlich seine Muttersprache war. Das erste Buch (das zweite ist ein späterer, nichtauthentischer Zusatz) behandelt ungefähr 70 Hieroglyphen, die nach heutigem Wissen großenteils richtig gelesen, aber falsch erklärt werden. So schreibt Horapollon z.B. völlig richtig, dass die Ägypter das Bild des Hasen zeichnen, wenn sie den Begriff »öffnen« schreiben wollen, erklärt dies aber nicht damit, dass das Wort *w-n* »öffnen« im Ägyptischen denselben Lautwert wie das Wort *w-n* »Hase« hat, sondern damit, dass dieses Tier nie seine Augen schließt. Ein anderes Beispiel ist das Bild der Ente, von dem Horapollon richtig angibt, dass es das Wort »Sohn« schreibt, aber meint, dass sich diese Bedeutung vom besonderen Familiensinn der Ente herleitet, was natürlich Unsinn ist. Auch hier gilt wieder, dass das ägyptische Wort für Sohn denselben Konsonantenbestand wie das Wort für Ente (bzw. Gans) hat.

Das Prinzip ist klar: Horapollon sieht vom Lautwert der Schriftzeichen völlig ab, von dem er vermutlich auch keine Ahnung mehr hat. Diesen verloren gegangenen Wissenskomplex ersetzt er durch einen anderen Wissensbestand, der eigentlich im klassisch-ägyptischen Schriftsystem keine Rolle spielte, und zwar jene volkstümliche Zoologie, die den Tieren alle möglichen Eigenschaften und Verhaltensformen unterstellt und die wir aus vielen naturkundlichen

Abb. 10: Hase und Gans

Abb. 11: Hase (Valeriano)

Werken der Antike kennen wie etwa Aelian, Plinius und Physiologus: dass der Hase nie die Augen schließt, dass die Ente einen besonderen Familiensinn hat, dass der Pelikan seine Jungen mit Herzblut füttert, dass der Löwe ein königliches Tier ist, dass die Schlange unsterblich ist, weil sie sich immer wieder verjüngt usw. usw. Durch diese moralische Zoologie wird es möglich, abstrakte Begriffe wie »öffnen«, »Familie«, »Fürsorge«, »Herrschaft«, »Unsterblichkeit« usw. in konkreten Bildern dazustellen bzw. zu »schreiben«. Für Horapollon muss man in diese Art Wissen eingeweiht sein, um die Hieroglyphen verstehen zu können.[36] Wer die Hieroglyphen beherrscht, kennt die Eigenschaften der Dinge die sie darstellen: das Wesen der Tiere, das Wirken der Natur, den Zusammenhang der Welt. Phonologie wird durch Physiologie ersetzt, Sprachkenntnis durch Weltwissen.

Ähnlich beschreibt schon Diodor v. Sizilien im 1. vorchristlichen Jh. bzw. sein Gewährsmann Hekataios von Abdera zu Ende des 4. Jhs. v. Chr. die Hieroglyphenschrift, als deren Kenntnis noch voll in Kraft war; sie verwende Bilder von Tieren wie z. B. Falke, Krokodil und Schlange. Der Falke bedeute Schnelligkeit, das Krokodil Bosheit. Die Zeichen bezögen sich nicht auf die Rede als Verbindung von Silben, (der Lautbezug wird also explizit bestritten), sondern metaphorisch auf die Bedeutung der dargestellten Dinge, die im Gedächtnis bewahrt wären (das Gedächtnis speichert die Bedeutungen der Dinge, auf die die Schrift metaphorisch rekurriert: man muss die Bosheit des Krokodils kennen, um das Zeichen zu verstehen). »Indem sie nun sich anstrengen, die in diesen Formen verborgenen Bedeutungen zu entdecken, gelangen sie durch jahrelange Übung und Gedächtnistraining dahin, alles Geschriebene zu lesen.« Dieser Zusammenhang zwischen Schriftkenntnis, Gedächtnis und Weltwissen hat die Renaissance fasziniert. So schreibt etwa Giordano Bruno:

> Von dieser Art waren die ... Hieroglyphen oder ›Heiligen Charaktere‹ bei den Ägyptern, bei denen anstelle der einzelnen bezeichnenden Zeichen [*designanda*] bestimmte Bilder aus den Dingen der Natur oder aus anderen Teilen genommen wurden. Solche Schriften und Sprachen kamen in Gebrauch, da durch sie die Ägypter Unterredungen mit den Göttern zum Zwecke der Ausführung wunderbarer Dinge anstrebten. Danach sind durch Teut oder einen anderen die Buchstaben erfunden worden der Art, wie wir sie noch heute in anderer Absicht verwenden. Dadurch ist der größte Schaden am Gedächtnis, an der göttlichen Wissenschaft und an der Magie entstanden.[37]

Diese alphabetische Wissenskatastrophe glaubten Bruno und andere durch die Wiedergewinnung einer natürlichen Schrift in gewisser Weise wieder rückgängig machen zu können. Die Hieroglyphen galten als »gedrängte Bilder«, die ganze Gedankengänge in einem einzigen Bilde zusammenfassen konnten, eine extreme Form der Datenkompression. Wer sie beherrschte, war von der Diskursivität und Konventionalität der Sprache frei und erfasste den Inhalt durch Intuition. Dafür berief man sich auf eine Stelle bei Plotin, einem neuplatonischen Philosophen, der im 3. Jh. n. Chr. lebte.

> Die ägyptischen Weisen (...) verwendeten zur Darlegung ihrer Weisheit nicht die Buchstabenschrift, welche die Wörter und Prämissen nacheinander durchläuft und darin die Laute und das Aussprechen der Sätze nachahmt, vielmehr bedienten sie sich der Bilderschrift, sie gruben in ihren Tempeln Bilder ein, deren jedes für ein bestimmtes Ding das Zeichen ist: und damit, meine ich, haben sie sichtbar gemacht, daß es dort oben [bei den Göttern] kein diskursives Erfassen gibt, daß vielmehr jedes Bild dort oben Weisheit und Wissenschaft ist und zugleich deren Voraussetzung, daß es in einem einzigen Akt verstanden wird und nicht diskursives Denken und Planen ist.[38]

Plotin unterscheidet hier diskursives und intuitives Erfassen. Das diskursive Erfassen folgt der linearen Abfolge, dem Nacheinander der sprachlichen Zeichen, wie sie eine Lautschrift in der Kette ihrer auf einer Zeile angeordneten graphischen Zeichen wiedergibt. Das intuitive Erfassen dagegen erfasst den Sinn nicht nacheinander, sondern auf einmal, im Betrachten eines Bildes, das einen komplexen Sinngehalt in eine Bildkomposition zusammendrängt. Plotin gibt keine Beispiele solcher wie Schriftzeichen funktionierender gedrängter Bilder, aber Marsilio Ficino, der dieser Stelle im 15. Jh. eine lange Abhandlung widmete, veranschaulichte das Prinzip der ägyptischen Hieroglyphenschrift am Begriff der Zeit, den die Ägypter im Bilde einer sich in den Schwanz beißenden Schlange dargestellt haben sollen:

> Ihr habt ein diskursives Wissen über die Zeit, das vielfältig und flexibel ist, indem ihr z. B. sagt, daß die Zeit vergeht und nach einem bestimmten Umlauf das Ende wieder an den Anfang knüpft ... Die Ägypter aber fassen einen ganzen Diskurs dieser Art in das einzige Bild einer geflügelten Schlange, die sich in den Schwanz beißt.[39]

Hier wird das Prinzip einer Schrift, die sich nicht nur von der Lautebene der Sprache, sondern von sprachlicher Diskursivität, dem »Nacheinander der Wörter« überhaupt emanzipiert, in aller Deutlichkeit herausgearbeitet. Natürlich haben Ficino und sein Gewährsmann Plotin hier etwas Entscheidendes verwechselt, wenn sie meinen, es käme in der Hieroglyphenschrift überhaupt nicht auf die syntagmatische Achse, die Abfolge und Verkettung der Zeichen an, sondern jedes Zeichen entfalte seinen Bedeutungsgehalt für sich allein, wie ein Bild, und unabhängig von anderen Zeichen. Selbstverständlich bilden in ägyptischen Inschriften die Hieroglyphenzeichen eine von rechts nach links oder links nach rechts oder auch von oben nach unten zu lesende Kette und selbstverständlich bildet diese Kette die diskursive Abfolge der Silben und Wörter ab. Plotin denkt offenbar gar nicht an Hieroglyphen im normalen Sinne, sondern eher an bestimmte symbolische Bildmotive, die man eher der Ikonographie als der Schrift zuordnen möchte. Jamblich, ein Schüler des Plotin, gibt zwei schöne weitere Beispiele aus dem Bereich dieser sakralen Ikonographie, die auch er für Schriftzeichen hält: das Kind auf der Lotusblüte, die sich aus dem Schlamm erhebt, und der Gott in der Sonnenbarke. Die erste »Hieroglyphe« deutet Jamblich als das Symbol für das Verhältnis von Gottheit

Abb. 12: Uroboros (Dürer)

und Materie. Das Kind steht für Gott, der Schlamm für die Materie, und die Lotusblüte, die einerseits aus dem Schlamm aufsteigt, andererseits aber nicht die geringsten Spuren von Schlamm an sich trägt, steht für die Erhabenheit der Gottheit und die kategorische Trennung von Gott und Materie. Den Gott in der Barke deutet Jamblich als Symbol der göttlichen Energie, die den Kosmos lenkt. Beide Symbole sind in der Tat sehr reich bezeugt, aber nicht als Schriftzeichen, sondern als Motive der Bildkunst, als »Ikonogramme«, wie man das nennen könnte. Das gilt sowohl für den »Sonnengott auf der Blume«, ein seit der Amarnazeit (um die Mitte des 14. Jh. v. Chr.) sehr oft begegnendes Bild des kosmogonischen Mythos[40], als auch für den Sonnengott in der Barke. In diesen Bereich gehört auch Ficinos Beispiel, die Uroboros-Schlange, die seit der Zeit Tutanchamuns häufig als Bildmotiv auftaucht, aber nie als Schriftzeichen. Die gesamte ägyptische Kunst ist in einem erstaunlichen, vielleicht einzigartigen Ausmaß »ideogrammatisch« organisiert.[41] Gleiche Dinge werden gleich dargestellt, feste Bildformeln regieren den Aufbau der Szene und die meisten Formeln werden fast unverändert durch die Jahrtausende tradiert.

Das schönste Beispiel freilich für ein »gedrängtes Bild«, so wie es, Plotin und Ficino zufolge, einen ganzen diskursiven Zusammenhang in eine anschauliche Figur versammelt, sind wiederum die Glasfenster von Chartres mit dem Bild der Evangelisten auf den Schultern der Propheten. In diesem Bild ist eine hochkomplexe theologische Konzeption dargestellt, die Verbindung von Altem und Neuem Testament. Die Propheten haben den Messias vorhergesagt, die Evangelisten und ihre Zeitgenossen haben ihn gesehen, aber nur, weil sie auf den Schultern der Propheten standen, ihre Schriften kannten und dadurch

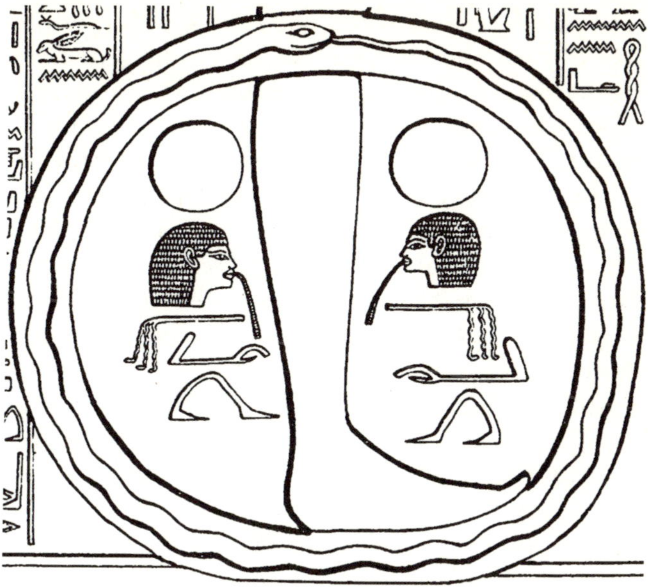

Abb. 13: Uroboros (Tutanchamun)

die Zeichen ihrer Zeit zu lesen verstanden. Mit dem neuplatonischen Prinzip des gedrängten Bildes, der fast im Sinne einer Datenkompression zu verstehenden bildlichen Veranschaulichung hochkomplexer theologischer und philosophischer Konzeptionen, entwickelt sich in der christlichen Kunst neben ihrer schon aus der Antike sich herleitenden narrativen Funktion, der Veranschaulichung der biblischen Geschichte, eine lehrhaft-argumentative Funktion, die genau das anstrebt, was Plotin als Leistung der ägyptischen Hieroglyphen beschreibt. Zwar sind wir mit den Glasfenstern von Chartres noch lange vor der Renaissance, als Ficino mit seinem Kommentar diese Plotinstelle für die Bildkunst fruchtbar machte und Cesare Ripa auf dieser Grundlage seine *Iconologia* zusammenstellte; aber der Neuplatonismus war durch Vermittlung vor allem von Johannes Eriugena auch im Mittelalter lebendig und bildete eine Traditionsgrundlage, auf der dann im 15. Jh. die Wiederentdeckung des Horapollon und die vermeintliche Deutung der ägyptischen Hieroglyphenschrift ihre ungeheure Wirkung entfalten konnten. Erst jetzt glaubte sich die abendländische Kunst mit ihren gedrängten, gedankenschweren Bildern, mit ihrer Emblematik und ihrer Hieroglyphik auf die Schultern der altägyptischen Kultur zu stellen.

All dem liegt, wie gesagt, die griechische Rezeption der ägyptischen Hieroglyphenschrift zugrunde, und diese beruht auf dem großen Missverständnis, die Hieroglyphen seien eine bloße Symbolschrift und keine Lautschrift, sie bezögen sich auf Begriffe, aber nicht auf Sprache. Wie konnte es zu diesem Missverständnis kommen? Zwei Eigenschaften der Hieroglyphen haben das begünstigt. Erstens ihre konkrete Bildlichkeit. Sie stellen ja in der Tat etwas Wiedererkennbares dar, sind also keine arbiträren Zeichen wie die Alphabetschrift, sondern eine Art Dingschrift, so dass die Deutung nahe lag, sie würden sich auf dem Wege metaphorischer Übertragung nicht nur auf die dargestellten Dinge selbst, sondern auch auf alle möglichen anderen Begriffe beziehen. Das ist in der Tat nicht ganz falsch, nur dass das Prinzip der Übertragung nicht über inhaltliche Metaphorik, sondern über Homophonie, lautlichen Gleichklang, funktioniert. Zweitens aber gibt es unter den Hieroglyphen tatsächlich Zeichen, die keinen Lautwert, sondern nur einen Sinnwert haben, die Determinative. Diese Zeichen beziehen sich auf Sinnklassen wie »Götter«, »Personen«, »Bewegung«, »Pflanzen« usw. Mit den Determinativen hat es aber nun noch eine besondere

Bewandtnis. Sie haben nicht nur keinen Lautwert, sondern meistens auch einen Sinnwert, für den die ägyptische Sprache gar kein Wort besitzt.[42] Das gilt vor allem für abstrakte Begriffe wie Zeit, Raum, Tier, Flüssigkeit, Bewegung usw. Für manche dieser durch Determinative bezeichneten Sinnklassen hat auch unsere Sprache kein Wort. Das gilt zum Beispiel für die Sinnklasse der mit dem Bild des Mannes mit der Hand am Mund determinierten Wörter, die sich auf Aktivitäten des Kopfes wie sprechen, denken, lieben, essen usw. bezieht. Technisch gesprochen stößt die Schrift mit den Determinativen in einen Raum der semantischen Artikulation vor, der lexematisch nicht erschlossen ist. Hier emanzipiert sich die Schrift am entschiedensten von der Sprache. Ich möchte das am Sonderfall eines Zeichens illustrieren, das als Determinativ einer Klasse von Wörtern wie Bosheit, Aggressivität, Angriff, Raubgier auftritt: dem Zeichen des Krokodils. Damit ist eine Eigenschaft bezeichnet, die im Verhalten des Krokodils exemplarisch hervortritt und die man vielleicht als »Krokodilizität« umschreiben kann. Dieser Begriff von Krokodilizität ist nur in der Schrift, aber nicht in der Sprache artikuliert. Hier haben wir also im Schriftsystem tatsächlich ein Beispiel für das gedrängte Bild im Sinne Plotins. Dies Zeichen bezieht sich nicht auf ein Wort, sondern auf einen begrifflichen Komplex, der nur in einem mehr oder weniger umfangreichen Diskurs über die Bosheit und Aggressivität zu entfalten wäre. Damit sind wir unmittelbar bei Diodors bzw. Hekataios' Begriff der Hieroglyphen als einer moralisch-allegorischen Zoographie.

Der eigentlich zentrale Punkt der abendländischen Grammatologie besteht aber nicht in der Konzeption einer sprachunabhängigen Begriffsschrift, sondern in der Unterscheidung verschiedener Schriftsysteme und damit

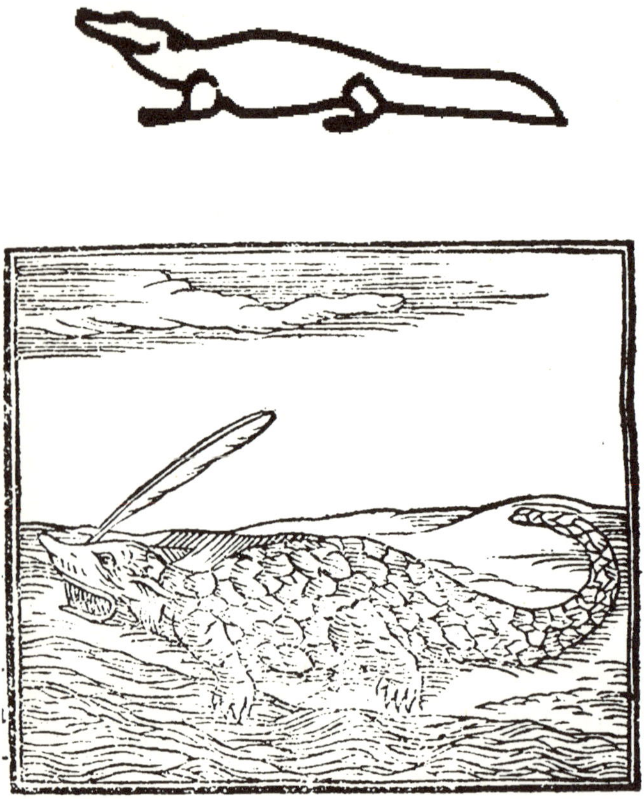

Abb. 14:
Krokodil, als ägyptisches Determinativ und bei Valeriano

verbunden, verschiedener Denkstile und Religionssysteme. Im 18. Jh. korrelierte man nämlich, worauf wir hier nicht näher eingehen können, Hieroglyphik mit Polytheismus oder Idolatrie und Alphabetschrift mit Monotheismus.[43] Auch diese Unterscheidungen sind ägyptisches Erbe. Sie ergeben sich nämlich nicht, wie man vermuten könnte, aus der Gegenüberstellung zwischen ägyptischer und griechischer Schrift, sondern aus dem Nebeneinander verschiedener ägyptischer Schriftsysteme: den Hieroglyphen, der aus ihnen abgeleiteten Kursivschrift des Hieratischen und dem Demotischen, einer noch kursiveren, das heißt noch anikonischeren, abstrakteren Schrift, in der die Umgangssprache geschrieben wird. Das war es, was die Griechen an der ägyptischen Schriftkultur vor allem faszinierte: nicht, dass sie in Bildern schrieben, sondern dass sie zwei oder drei ganz verschiedene Schriften verwendeten. Aus dieser Faszination erwuchs die Frage nach der Bildlichkeit und Nichtbildlichkeit von Schriftzeichen, ihrer Motiviertheit oder Konventionalität, ihrer Sprachbezogenheit oder sprachunabhängigen Begriffsbezogenheit. Aus dieser ägyptischen Vielschriftigkeit ergab sich schließlich auch, nicht bei den Griechen, aber im 18. Jahrhundert, die kulturevolutionistische Theorie einer Entwicklung vom Bilde zum Buchstaben, von der Poesie zur Prosa, vom Poly- zum Monotheismus.

Zunächst hören wir, was Diodor über die ägyptische Schriftkultur berichtet. Seine Darstellung ist noch verhältnismäßig schlicht und beruht auf einer Zweiteilung.

> Die Figuren der Standbilder nun und die Formen der Schriftzeichen haben die Ägypter von den Äthiopiern übernommen. Die Ägypter besitzen nämlich zwei Schriften: die eine, ›demotisch‹ genannt, lernen alle; die andere wird die ›heilige‹ genannt. Bei den Ägyptern verstehen sie allein die Priester, die sie von den Vätern in den Mysterien lernen.[44]

Diodor deutet die demotische Schrift als das allgemeine, von allen erlernte Schriftsystem und versteht die *heilige Schrift*, unter welchem Begriff er wohl Hieroglyphen und Hieratisch zusammenfasst, als eine Sonderschrift, die nur von den Priestern verwendet und in den Mysterien von den Vätern den Söhnen beigebracht wird. Die Mysterien erscheinen hier als eine Institution des Lernens, und zwar des Erlernens der heiligen, das heißt der hieratischen und der Hieroglyphenschrift. Zweihundert Jahre später gibt der Kirchenvater Clemens von Alexandria eine präzisere und daher auch wesentlich komplexere Darstellung dieses Einweihungsweges, der auf der Erlernung der Schriften beruht. Clemens beschreibt den Studiengang beziehungsweise Einweihungsweg eines ägyptischen Schülers, vom einfachen Schreiber bis zum eingeweihten Schriftgelehrten (*Hierogrammateus*). Als erstes erlerne dieser die epistolische Schrift, sodann die priesterliche oder Hieratische Schrift und zuletzt die Hieroglyphische. Clemens unterscheidet nicht nur drei verschiedene Schriften – *Demotisch*, *Hieratisch*, *Hieroglyphen* –, sondern drei verschiedene Modi innerhalb des Hieroglyphischen: den kyriologischen, tropischen und allegorischen Modus.[45] Das kann uns schon einmal vor Augen führen, bis zu welchem Grad theoretischer Differenzierung und Verfeinerung sich der griechische Diskurs über die ägyptische Schriftkultur entwickelt hatte. Clemens nennt die Hieroglyphenschrift *hystatēn kai teleutaian*, die zuletzt erlernte und vollendete Schrift. Sie bildet die Krönung der zu einer hohen Kunst erhobenen und zu äußerster Virtuosität ausgestalteten priesterlichen Schriftkultur. Die Griechen sahen in dieser Schriftkultur und den Traditionen ihrer Vermittlung den Inbegriff der ägyptischen Mysterien. In der Schreiberausbildung gab es also so etwas wie einen Iconic Turn,

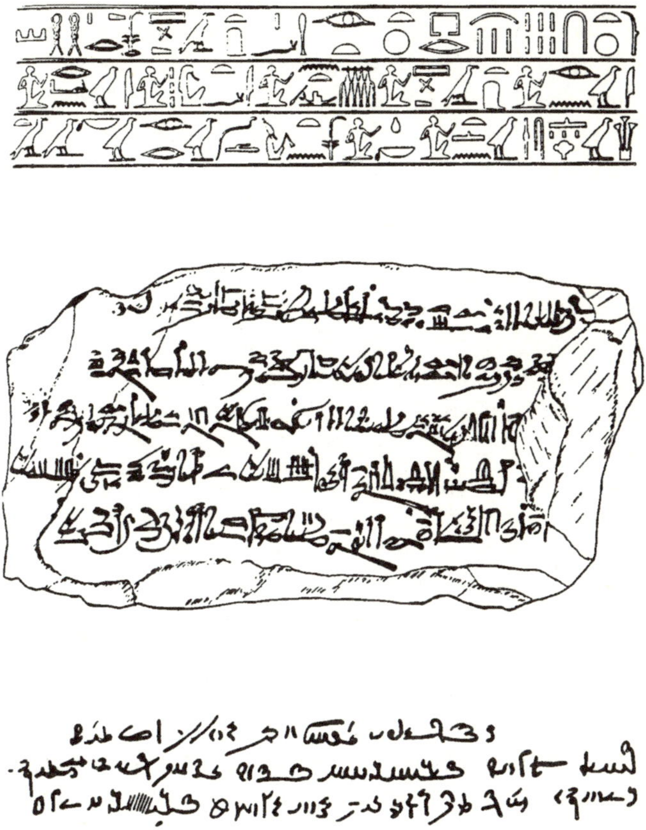

Abb. 15: Ägyptische Schriften: Hieroglyphen (oben), Hieratische (Mitte), Demotisch (unten)

eine Wende zum Bild, das die höchste, vollendetste Form der Schrift darstellte und zugleich einen Übergang vom diskursiven Lesen zum intuitiven Erfassen.

Diese griechischen Theorien über die ägyptische Schriftkultur waren keine bloßen Missverständnisse und Gedankenspiele. Die ägyptische Schriftkultur hat in der Tat in der Zeit, zu der die Griechen ihr begegneten, einen Iconic Turn vollzogen, der in einen Bereich jenseits der Sprache vorstößt. Sie entwickelt sich von einem relativ geschlossenen zu einem offenen System.

Die traditionelle Hieroglyphenschrift basiert wie die aus ihr entwickelte Kursivschrift auf einem Grundbestand von zirka 700 Hieroglyphen. Im Gegensatz zur Kursivschrift aber ist die Hieroglyphenschrift grundsätzlich ein offenes System, das heißt es können ständig, wenn auch natürlich innerhalb vernünftiger Grenzen, neue Zeichen eingeführt werden. So kann man zum Beispiel ab dem Neuen Reich den Laut *n* statt mit der Wasserlinie (von *n.t,* Flut) auch mit der unterägyptischen Krone (mit dem gleichen Lautwert *n.t*) schreiben und es gibt sogar Rätselinschriften, die mit möglichst vielen ungewöhnlichen Zeichen operieren. Das funktioniert in der Kursivschrift nicht, denn die neuen Zeichen sind nur aufgrund ihrer Bildlichkeit, über die Dinge, die sie darstellen, lesbar. Diese in der Hieroglyphenschrift nur als Möglichkeit angelegte Offenheit des Systems wird nun in der Spätzeit systematisch genutzt. Jetzt treten das Zeichenrepertoire der Kursivschrift und das der Hieroglyphenschrift drastisch auseinander, in einem Verhältnis von 1:10.[46] In dieser Zeit schrieb man demotisch, eine Kursive, die jede Bildlichkeit abgestreift hat, und um so intensiver kultiviert man die Bildlichkeit in der Hieroglyphenschrift. In dieser späten Epoche der ägyptischen Kultur werden sich die Ägypter der Verschiedenheit ihrer Schriften bewusst und entwickeln sie in deutlicher Kontradistinktion in die beiden entgegengesetzten Richtungen einer extrem ikonischen Bild- und Symbolschrift (Hieroglyphen) und einer extrem abstrakten, anikonischen Kursivschrift (Demotisch).

Kraft ihrer Bildlichkeit bezieht sich die Hieroglyphenschrift nicht nur auf Gedanken und Begriffe, sondern auf konkrete Dinge dieser Welt. Dadurch steht sie in einem dreifachen Bezug: auf Laute, auf Begriffe und auf Welt. Die Kursivschrift hat den Weltbezug abgestreift. Umso mehr hat ihn die spätägyptische Hieroglyphenschrift kultiviert. Hier kam es offenbar darauf an, den Zeichenbestand so weit zu vermehren, dass er praktisch dem Bestand der Dinge, der sichtbaren Formenwelt gleichkam. So wie die Gesamtheit der Schriftzeichen einen *orbis pictus*, ein Formenrepertoire der Dinge dieser Welt bildete, so bildete umgekehrt die Welt mit ihren Dingen ein Vorlagenrepertoire der Hieroglyphen. Genau das ist die Idee einer natürlichen oder Dingschrift, die sich in der Renaissance mit den Hieroglyphen verband.

Tatsächlich gibt es aus der ägyptischen Spätzeit Texte, die diese Einschätzung der Schrift zum Ausdruck bringen. Dazu gehört in erster Linie das *Denkmal memphitischer Theologie*.[47] In diesem Text geht es um die Konzeption einer Schöpfung durch das Wort, die sich aber bei genauerem Hinsehen als Schöpfung durch die Schrift erweist. Zweimal ist in diesem Schöpfungsbericht von Hieroglyphen die Rede.

> Es entstanden aber alle Hieroglyphen
> durch das, was vom Herzen erdacht und von der Zunge befohlen wurde [...]
> Und so war Ptah zufrieden, nachdem er alle Dinge erschaffen hatte
> und alle Hieroglyphen.

Alle Dinge und alle Hieroglyphen – das soll doch soviel heißen wie die Formen der Natur und ihre Wiedergabe als Schriftzeichen, also *res* et *signa*. Das Herz ersinnt die Formen (*signa*), die Zunge vokalisiert sie als *verba* und kraft der göttlichen Schöpferkraft realisieren sich die Worte in der entstehenden Erscheinungswelt als Dinge (*res*). Die *signa* der Hieroglyphenschrift stehen vermittelnd zwischen *res* und *verba*. Nach dieser Schöpfungslehre aber steht sie am Anfang: *signa* im Herzen des Schöpfers, *verba* durch seine Zunge, *res* in der äußeren Welt.

Der Gott, um den es hier geht, ist der Gott der Künstler und Handwerker. Seine kosmogonische Leistung besteht im Ersinnen der Formen. Diese Formen konstituieren sich als eine innere Schrift im Herzen, die dann durch die sprechende Zunge vokalisiert und in die sichtbare Erscheinungswelt überführt wird. Die Schöpfung ist ein Akt der Artikulation: gedanklich, ikonisch und phonetisch.

Die Hieroglyphen sind die Urbilder der Dinge, die die Gesamtheit der Wirklichkeit ausmachen. Indem *Ptah* die Urbilder der Dinge konzipierte, erfand er zugleich mit ihnen auch die Schrift, die *Thot* nur aufzuzeichnen braucht, so wie er als Zunge die Gedanken des Herzens nur aussprechen muss. Ein Onomastikon, das heißt eine nach Sachgruppen geordnete Wortliste ist daher überschrieben als Auflistung »aller Dinge, die Ptah geschaffen und Thoth niedergeschrieben hat«.[48]

Die Kursivschrift dagegen, die auf die Ikonizität, die Wiedererkennbarkeit abgebildeter Gegenstände verzichtet und nur aufgrund der Verwendung eines geschlossenen Bestandes diskreter Zeichen funktioniert, kann weder neue Zeichen einführen noch bestehende Zeichen spielerisch variieren. Wir merken uns: Bildlichkeit und Systemoffenheit gehören zusammen; in den klassischen Perioden jedoch bleibt diese Offenheit zwar latent, nur Möglichkeit, und wird erst in der Endphase der ägyptischen Schriftgeschichte in großem Stil aktualisiert. Aber an genau diese Phase knüpft der griechische und, auf ihm aufbauend, der abendländische Hieroglyphendiskurs an. In dieser Zeit verwischt sich in der Hieroglyphenschrift der Unterschied zwischen Schrift und Ikonographie. Gleichzeitig verschärft sich der Unterschied zwischen Hieroglyphen und Kursive, ikonischer und anikonischer Schrift. In dieser Zeit, als sich Hieroglyphen und Kursivschrift weit auseinander entwickelten und zur hieratischen Kursive noch das Demotische hinzutrat, muss die Idee einer Symbolschrift und mit ihr der Hieroglyphendiskurs entstanden sein. Also nicht erst in Griechenland, in Ägypten selbst, schlägt meines Erachtens die Geburtsstunde des abendländischen Hieroglyphendiskurses, der ja, wie wir sahen, auf genau diesem Unterschied zwischen Bilderschrift und abstrakter Schrift beruht. Gerade die Mehrschriftigkeit und der Unterschied zwischen den verschiedenen Schriftsystemen war es ja, was die Griechen an der ägyptischen Schriftkultur besonders faszinierte. Daher sind wir, wenn wir über die Fragen der Bildlichkeit und der Schriftlichkeit, der motivierten und der arbiträren Zeichen, der unmittelbaren und der mittelbaren Bezeichnung nachdenken, die Erben der Ägypter. Die Ägypter haben diese Unterschiede und Unterscheidungen in ihren erst zwei, dann drei verschiedenen Schriftsystemen praktiziert, die Griechen haben sie theoretisiert, und das Abendland hat sie diskutiert, bis heute, wo wir über die Wende oder Rückwende von der Sprachlichkeit zur Bildlichkeit nachdenken. Meine These ist also, dass sich in der spätägyptischen Kultur selbst bereits die Ansätze zu jener grammatologischen Debatte entwickelten, die die Griechen dann aufnahmen und theoretisch entfalteten und die bei ihrer Wiederaufnahme in der Renaissance schließlich die abendländische Kunst und Philosophie bis heute prägte.

Die griechische Rezeption des ägyptischen Schriftsystems, die man gewöhnlich als eine Ansammlung von Missverständnissen abtut, hat also einige ihrer Besonderheiten sehr gut erfasst, besonders die funktionale Differenzierung der Schriften und das »Eigenleben« der hieroglyphischen Zeichen. Vor allem aber hat der griechische Hieroglyphendiskurs eine Debatte über die Zusammenhänge zwischen Schrift, Sprache, Welt und Denken in Gang gesetzt, der sich durch die ganze abendländische Geschichte hindurchzieht und gerade heute im Zusammenhang der philosophischen »Grammatologie« Jacques Derridas eine neue Blüte erlebt. Diese abendländische Debatte über Schriftlichkeit und Bildlichkeit wäre anders verlaufen, wenn sich das Abendland dabei nicht auf die Schultern Ägyptens gesetzt hätte.

Drittes Kapitel

Mysterium – das Ägyptenbild der freimaurerischen Aufklärung

Nach den Hieroglyphen, mit denen wir uns im zweiten Kapitel beschäftigt haben, soll es hier um die Mysterien gehen. Auch dies ist ein Aspekt, in dem sich das Abendland auf den Schultern der alten Ägypter fühlte. Ägypten galt als der Ursprung der antiken Mysterienkulte. In Ägypten, mit den Mysterien der Isis, nahm das Mysterienwesen seinen Anfang. Orpheus, so weiß es die bei Diodor und anderen erhaltene Überlieferung, hat die Mysterien in Ägypten kennen gelernt und nach Griechenland gebracht, und später haben sich die Mysterien der Isis selbst von Ägypten ausgehend in der ganzen alten Welt verbreitet.[49]

Im gleichen Sinne, wie sich die Renaissance den ägyptischen Hieroglyphen auf der Suche nach einer alternativen, nicht-aristotelischen Grammatologie und Semiotik zuwandte, um nach diesem Vorbild eine eigene Emblematik und Hieroglyphik zu entwickeln, wandte sich das 18. Jahrhundert den ägyptischen bzw. antiken Mysterien zu, um darin Vorbilder für die eigenen Geheimgesellschaften, ihre gesellschaftliche Rolle, Organisation und Ritualistik zu finden. Auch hier ging es um eine alternative Perspektive, nämlich in der Frage der religiösen Wahrheit und ihrer Erkennbarkeit für den Menschen.

Im 18. Jahrhundert entwickelte sich Mysterium zum Gegenbegriff zu Offenbarung. Die durch Mose von Gott empfangene und bei den Kindern Israels durchgesetzte Religion ist eine Offenbarungsreligion, im Gegensatz zu den heidnischen Religionen, die die Struktur von Mysterienreligionen aufweisen. Die Mutter aller Mysterien aber ist die altägyptische Religion. So wie das Abendland in puncto Offenbarung auf den Schultern der biblischen Propheten, so wähnte es sich in puncto Mysterium auf den Schultern der alten Ägypter.

Auf dem Hintergrund dieser Argumentationslinien versteht man sofort, warum die Mysterien im 18. Jahrhundert so ein heißes Thema waren und warum man sich so lebhaft für Ägypten interessierte.[50] Das Jahrhundert der Aufklärung rückte immer entschiedener von der Idee der Offenbarung ab zugunsten der Idee einer natürlichen, dem Menschen kraft seiner Vernunft zugänglichen Theologie. Die Religion der Vernunft wurde im alten Ägypten und der Gott der Philosophen in den ägyptischen Mysterien gesucht. Der Aufklärung ging es im Zeichen der Vernunft nicht um einen Ausstieg aus der Religion, sondern darum, die »positiven«, sich unter Berufung auf eine exklusive, geoffenbarte Wahrheit gegeneinander abgrenzenden Religionen gewissermaßen durchsichtig zu machen im Hinblick auf eine höhere und allgemeinere, allen Menschen gemeinsame Beziehung zum Göttlichen, ohne sie deswegen zu verwerfen und aufzugeben. Der Atheismus galt als ebenso unvernünftig wie die intolerante Berufung auf eine exklusive Wahrheit.[51] Die Vernunft war auf die Erkenntnis Gottes hin angelegt, aber dieser Gott galt als ein verborgener Gott und die Wahrheit als eine verschleierte Göttin, deren exklusiver Besitz keiner menschlichen Gruppe gewährt war. In den antiken Mysterien erblickte man die Form, in der diese philosophische Form der Gottesbeziehung als eine richtige Religion mit Riten und heiligen Überlieferungen gelebt wurde und nicht zu einer abstrakten Weltweisheit verblasste.

So kam es gerade im Jahrhundert der Geheimgesellschaften zu einem wahren Mysterienfieber, das in seinem letzten Viertel weite Kreise des geistigen Europa erfasste. Das auffälligste Symptom dieser Faszination ist eine wahre Flut von Schriften über die antiken Mysterienkulte, die nie vorher und nie nachher eine vergleichbare Aufmerksamkeit gefunden haben. Wer aber einmal einen Blick in diese Schriften tut, erkennt schnell, dass die Antike nicht um ihrer selbst willen erforscht wurde. Worum es ging, war: Vorbilder zu finden für die eigene Zeit und ihre Probleme. In den antiken Mysterien erkannten sich die Geheimgesellschaften des 18. Jahrhunderts wieder. Ägypten erschien als das Vorbild einer doppelten Kultur: Jede (heidnische) Religion hat zwei Gesichter: das exoterische Gesicht der Volksreligion und das esoterische Gesicht einer Elitereligion bzw. der Mysterien. In der Volksreligion geht es um Feste, Opferkult und Frömmigkeit, in den Mysterien dagegen um sittliche, geistige, wissenschaftliche und spirituelle Bildung und Ausbildung. Der Polyhistor Reimmann hatte dafür den Begriff der »philosophia duplex« geprägt.[52] Dahinter standen ein Staatswesen und eine Gesellschaft, in der die Träger der Wahrheit (der natürlichen Religion) zur »inneren Emigration«, zum Wirken im Untergrund als Geheimgesellschaft gezwungen sind. Das Prinzip dieser »duplex philosophia« schien auch auf die eigene Zeit und Gesellschaft mit ihrer Zensur, ihrer klandestinen Manuskriptkultur[53] und ihren Geheimgesellschaften zu passen.

Dieses Konzept der ägyptischen Mysterien als der »philosophia esoterica« der gespaltenen ägyptischen Kultur erhielt seine politische Deutung, durch die es dann zum Auslöser des Mysterienfiebers wurde, durch den Theologen und Literaten William Warburton, dessen Hauptwerk *The Divine Legation of Moses* 1738–1741 in drei Bänden erschienen war und in seinem zweiten von insgesamt 9 Büchern die antiken Mysterien behandelt.[54] Vielleicht war es der ehrfurchtgebietende Umfang dieses monumentalen Werkes, der eine sofortige Breitenwirkung verhinderte. Darin ging es Warburton ähnlich wie seinem Zeitgenossen Giambattista Vico, der ein ganz paralleles Projekt verfolgte und ebenfalls erst 40–50 Jahre später einen entsprechenden und auf lange Sicht noch wesentlich nachhaltigeren Durchbruch erlebte. Vico zog in ganz orthodoxer Weise die Grenze zwischen profaner und heiliger Geschichte, wandte dann aber sein ganzes Interesse der profanen Geschichte zu und fragte, wie eigentlich die Geschichte von Völkern verläuft, die nicht von Gott gelenkt ist. Warburton zog nicht minder orthodox die Grenze zwischen der auf Offenbarung gegründeten biblischen Religion und den heidnischen Religionen, wandte dann aber sein Interesse dem Heidentum zu. Seine Frage war, wie Religionen funktionieren, die nicht auf göttliche Offenbarung gegründet sind.

Seine Antwort entwickelt Warburton in der verblüffenden These von der Geburt der Mysterien aus dem Geist der politischen Theologie des Heidentums. Die Heiden, die von der Offenbarung ausgeschlossen sind, waren auf das angewiesen, was man im 18. Jh. »natürliche Theologie« nannte: die Erkenntnis Gottes aus der Natur, durch Rückschluss von der Schöpfung auf den Schöpfer. So wurden sie zu Deisten, ja Spinozisten avant la lettre. Auf dieser Religion aber, das war Warburtons These, lässt sich kein Staat aufbauen. Die Religion der Vernunft oder die natürliche Theologie kann nicht staatstragend sein. Der Staat braucht Götter zum Schutz der Gesetze und zum Ausdruck nationaler Identität. So kommt es zur Spaltung der Religion in einen exoterischen, staatstragenden Volkspolytheismus und einen esoterischen Deismus der Elite. Als Urbild und Modell aller heidnischen Staatswesen und Religionen galt die altägyptische Kultur, für deren Struktur sich, wie wir gesehen haben, schon vor Warburton der Begriff der *duplex philosophia* eingebürgert hatte. Für diese doppelte, in eine exoterische und eine esoterische Seite gespaltene Philosophie oder Religion bot Warburton nun eine politische Deutung an. Die esoterische Religion bzw. Philosophie musste im Verborgenen, im Untergrund praktiziert und tradiert werden, weil das Volk davon nichts wissen durfte. Warburton ging allerdings nicht so weit, zu behaupten, dass die heidnischen Staaten geradezu auf Lüge gegründet seien. Im Gegenteil: er betont die Unabdingbarkeit, ja, man ist im Vorgriff auf Nietzsche versucht zu sagen: die Lebensdienlichkeit der Fiktionen, auf denen die Volksreligion beruht. Ohne sie wären eine zivile Gesellschaft und ein geordnetes Staatswesen undenkbar. Man muss sie daher vor den Wahrheiten schützen, die sie als Fiktionen entlarven würden.

Die Lösung, die die Ägypter für dieses Problem gefunden haben, besteht in zweierlei: in der Stiftung eines Ordens, dem die Pflege und Weitergabe der staatsgefährdenden Wahrheit oblag und in der Ausbildung einer Symbolschrift für eine nur Eingeweihten lesbare Aufzeichnung. Der einen Errungenschaft der Ägypter widmet Warburton sein Buch über die Mysterien, der anderen sein Buch über die Hieroglyphen. Im vierten Kapitel werden wir noch eine weitere Maßnahme der alten Ägypter kennen lernen, um ihre doppelte Religion zu verwirklichen, die bei Warburton keine größere Rolle spielt: die Anlage ausgedehnter unterirdischer Archive, Forschungsstätten und Ritualbühnen, in denen die esoterische Religion in vollkommener Verborgenheit vor den Augen der Uneingeweihten praktiziert werden konnte.

Ich brauche wohl kaum im Einzelnen auszuführen, eine wie große Faszination dieses Bild einer unter Duldung, ja Förderung des Staates buchstäblich in den Untergrund gegangenen Elite auf eine Leserschaft ausüben musste, die sich ihrerseits zu einer Art inneren Emigration gezwungen sah, um im Schutz der Logen und Geheimgesellschaften ihr Projekt der Aufklärung zu betreiben. Die Parallele zwischen den altägyptischen Weisen, die unter der Erde den Gott der Philosophen verehrten und an der Veredelung der Metalle, des eigenen Selbst und der menschlichen Gesellschaft arbeiteten, und den europäischen Freimaurern, die in ihren Logen genau dasselbe Projekt betrieben, erschien so perfekt, dass sich die Freimaurer als Erben jener altägyptischen Priesterorden fühlen konnten.

Die Unterscheidung zwischen einer exoterischen Volksreligion und einer esoterischen Elitereligion führt Warburton unter Berufung auf den Bericht, den Clemens von Alexandrien von den Eleusinischen Mysterien gibt, auf der Seite der Elitereligion noch einmal durch in Form der Unterscheidung zwischen den ›kleinen‹ und den ›großen Mysterien‹. Diese Unterscheidung hat im Zusammenhang der Freimaurerei eine ganz besonders zentrale Bedeutung. Sie wird hier auf die Unterscheidung zwischen den drei Graden der »Johannislogen« – Lehrling, Geselle, Meister – und den darauf aufbauenden höheren Graden der »Hochgradsysteme« angewandt:

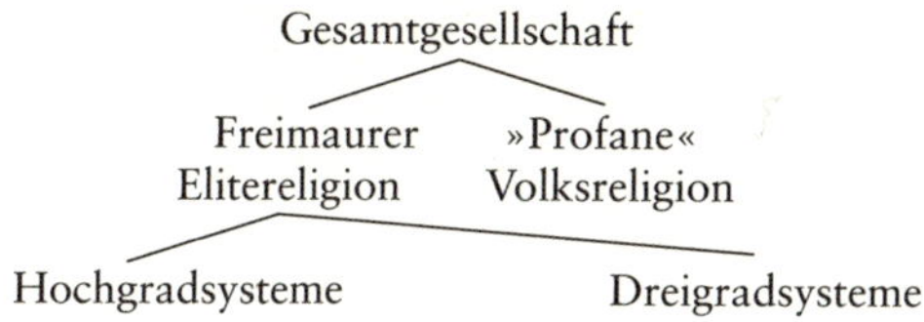

Zur allgemeinen Struktur dieser doppelten Unterscheidung könnte man auch auf zwei berühmte Parallelen in antiken Texten verweisen. Das eine ist das bei Platon überlieferte Wort: »Es gibt viele Narthexträger, aber wenige Bakchen« (Phaidon 69c), das andere Matthäus 22:14: »denn viele sind gerufen, aber nur wenige auserwählt«.

Die Kleinen Mysterien bestanden, nach Warburton, in Reinigungen, Prüfungen und Unterweisungen, die Großen Mysterien vor allem in zwei Schritten: erstens in der Befreiung des Neophyten von seinen bisherigen Irrtümern, d. h. die Götter wurden als das entlarvt was sie sind: Fiktionen, und zweitens in der Schau der Wahrheit. Einweihung ist also wesentlich ein Prozess der Desillusionierung. Beim Überschreiten der Schwelle zwischen den Kleineren und den Größeren Mysterien soll der Initiand seinen früheren Glauben aufgeben, dessen irrigen und fiktiven Charakter durchschauen und »die Dinge so sehen, wie sie sind«. (I, 190) Die Desillusionierung des Initianden wird erreicht, indem ihm erzählt wird, dass die Götter nichts als vergöttlichte Sterbliche sind und dass es nur *einen* unsichtbaren und namenlosen Gott gibt, die letztendliche Ursache und Grundlage des Seins, »der aus sich selbst entstand und dem alle Dinge ihr Dasein verdanken«. Diese Sätze sind einem orphischen *Hieros Logos* entnommen, der bei vielen patristischen und älteren Autoren begegnet und den Warburton in der Fassung von Clemens von Alexandrien, *Protreptikos*, zitiert. Warburton deutet diesen Text als die Rede, die der Hierophant in den Eleusinischen Mysterien an den Initianden richtet. In der modernen Übersetzung von Christoph Riedweg, der diesem Text eine Monographie gewidmet hat, lautet der erste Teil des *Hieros Logos*:

> Ich werde zu jenen sprechen, die befugt sind. Die Türen aber schließt, ihr Uneingeweihten,
> alle zugleich! Du aber höre, Sproß der lichtbringenden Mondgöttin,
> Musaios, denn Wahres werde ich verkünden. Nicht soll dich, was früher in der Brust gut schien, des lieben Lebens berauben!
> Auf das göttliche Wort blicke! Diesem widme dich,
> den geistigen Nachen des Herzens steuernd. Gut beschreite
> den Pfad! Schau einzig auf den Herrscher der Welt,
> den Unsterblichen! Ein altes Wort kündet leuchtend von diesem:
> Einer ist er, aus sich selbst geworden. Aus Einem ist alles entsprungen.
> Unter ihnen geht er umher, doch keiner der Sterblichen
> erblickt ihn, er hingegen sieht alle.[55]

»Nicht soll dich, was früher in der Brust gut schien, des lieben Lebens berauben!« – dieser Satz stellt für Warburton die Abschwörung der vertrauten Religion dar. An deren Stelle tritt nun der All-Eine: Einer ist er, aus sich selbst geworden. Aus Einem ist alles entsprungen.

In der Schrift *Crata Repoa*, einem freimaurerischen Traktat, der sich als eine authentische Rekonstruktion des ägyptischen Initiationsrituals ausgibt, richtet der »Hierophantes« diese Worte an die Initianden des ersten Grades »des Pastophoris oder Lehrlings«:

> Ich wende mich zu euch, die ihr das Recht habt, mich anzuhören.
> Schließet alle Türen vest zu, damit die Profanen und die Spötter nicht hinein kommen mögen.
> Ihr aber, Mene Musée oder Kinder der Arbeit der himmlischen

Untersuchung, höret meine Rede! Ich trage euch große Wahrheiten vor.
Hütet euch vor Vorurteilen und Leidenschaften, welche euch von dem rechten Wege der Glückseligkeit entfernen werden.
Richtet eure Gedanken auf das göttliche Wesen, und lasset dasselbe stets vor euren Augen seyn, um dadurch euer Herz und Sinne zu lenken.
Wenn ihr den sichern Pfad der Glückseligkeit betreten wollt, so bedenkt, daß ihr stets vor den Augen des Allmächtigen einhergeht, der die Welt erschaffen.
Es ist das einzige Wesen, welches alle Dinge erhält und hervorgebracht hat, und das von sich bestehet.
Er sieht alles. Kein Sterblicher kann ihn sehen, und kein Mensch wird sich seinen Blicken entziehen.[56]

Es war aber nicht Warburton, sondern erst der Göttinger Philosoph Christoph Meiners, der mit seiner auf Warburton gestützten Schrift über die Eleusinischen Mysterien 1776 zum Auslöser des Mysterienfiebers wurde.[57] Diese Schrift diente Adam Weishaupt als Vorlage bei der Gründung des Illuminatenordens.

Meiners übernahm Warburtons politisches Konzept der doppelten Religion und verschärfte wo möglich noch den Antagonismus zwischen Volksreligion und Elitereligion. In seinen Augen betrafen die Mysterien Kenntnisse, »die mit der öffentlichen Volksreligion nicht genau übereinstimmen, aber einzelnen Personen ebenso heilsam und nothwendig sind, als sie dem Pöbel sorgfältig entzogen werden müssen. Diese Mysterien, die in der Mitteilung gewisser, der Nationalreligion entgegengesetzter Kenntnisse bestehen, werden entweder mündlich fortgepflanzt oder in heiligen Schriften aufbewahrt, die allein in den Händen der Priester bleiben.« (188 f.) Eine Seite später spricht Meiners von »wahren, dem Aberglauben des Volks entgegengesetzten Kenntnissen« (190), konstruiert also den Gegensatz zwischen Volksreligion und Mysterien im Sinne eines scharfen Dualismus, ähnlich wie die *Zau-*

berflöte, auf die wir im vierten Kapitel eingehen wollen, den Gegensatz zwischen den Sphären der Königin der Nacht und Sarastros. Die Königin der Nacht vertritt den »Aberglauben«, Sarastro die diesem entgegengesetzten Kenntnisse, die Wahrheit. »Diese Kenntnisse nun mußten sie nothwendig geheim halten, weil sie dem allgemeinen Glauben des Volks entgegengesetzt waren, und durch ihre Verbreitung Staat und Religion umgekehrt, Götter von ihren Sitzen und Altären herabgeworfen hätten.« (208)

Meiners spricht nun zwar auch schon in bezug auf die Kleinen Mysterien von einer »mächtigen Sinnesänderung« (261), aber die eigentliche Desillusionierung des Neophyten gehört auch bei ihm erst zu den Einweihungen in die Großen Mysterien. Hier »wurde man unterrichtet, und zwar in Grundsätzen, die die ganze Religion des Volks übern Haufen warfen«. Jetzt »riß man auch von den Augen der Epopten den Schleyer des Aberglaubens weg, den die Fabeln der Dichter und Volksreligion vor den Augen der Einzuweihenden hergewebt hatten«. (294) Meiners übernimmt Warburtons politisch-theologische Perspektive und betont, »daß man in den Mysterien die Götter des Volks entgötterte, und den Epopten im Allerheiligsten des Tempels eben die Irrthümer benahm, worinn man das Volk zu erhalten, oder zu bestärken suchte« (295f.), aber »man riß nicht nur ein altes Gebäude von Irrthümern um, sondern bauete auch ein neues herrliches von heilsamen Wahrheiten auf, von welchem das ganze Alterthum glaubte, daß der grosse Haufe sie zu fassen aus Sinnesblödigkeit schlechterdings unfähig wäre. Man verkündete ihnen die Lehre von einem einzigen Gott, lehrte die wahre Natur und Beschaffenheit der Geister, oder Dämonen, und zeigte zugleich den Adel, die Glückseligkeit, und künftige Bestimmung unsrer menschlichen Seelen.« (298f.)

Die Debatte über die antiken Mysterien erreichte ihren Höhepunkt in den fünf Jahren zwischen 1782 und 1787. Dies ist zugleich die eigentliche Blütezeit der freimaurerischen Ägyptomanie. Im Jahre 1783 erschien anonym ein Buch mit dem programmatischen Titel »Ueber alte und neue Mysterien«, der noch einmal deutlich genug unterstrich, dass es die neuen Mysterien waren, um deretwillen man die alten mit solcher Intensität studierte.[58] Der Verfasser war Johann August Starck, ein Theologe und Orientalist von großer Gelehrsamkeit, der zunächst in Königsberg wirkte und das Projekt von John Spencer, die mosaischen Gesetze auf das alte Ägypten zurückzuführen[59], hundert Jahre später für das Neue Testament fortsetzte.[60] Er geriet darüber in einen Streit u.a. mit Johann Georg Hamann, in dessen Verlauf er Königsberg verlassen musste; immerhin hatte sich kein Geringerer als Immanuel Kant für Starck eingesetzt. Starck ging dann nach Mecklenburg und gründete einen Freimaurerorden, der sich »Das Klerikat« nannte und im Anschluss an das schottische Hochgradsystem der »Strikten Observanz« als Fortsetzung des Anfang des 14. Jh. verbotenen und verfolgten Templerordens betrachtete. 1782 wurde auf dem Freimaurerkonvent von Wilhelmsbad der Templermythos, der die Freimaurerei auf den Templer-Orden und diesen wiederum auf den salomonischen Tempel und seinen Architekten Hiram zurückführte, endgültig als haltlos verabschiedet. Das führte zu einer grundlegenden Neuorientierung, in deren Folge bei Starck und anderen der Ägyptenmythos die freigewordene Stelle des Templermythos einnahm. So kam es zu der Verbindung von Freimaurerei und Ägyptomanie oder Ägyptosophie, die für das späte 18. Jh. kennzeichnend ist. Natürlich hat auch diese Verbindung eine längere Vorgeschichte. Insoweit die

Freimaurerei, insbesondere in ihren alchemistisch orientierten Richtungen, das Erbe der hermetischen Traditionen des 17. Jahrhunderts antrat, die sich auf den ägyptischen Hermes Trismegistus als ihren Gründungsheros beriefen, gehörte die Verbindung mit dem Alten Ägypten von jeher zum Programm.[61]

Nach dem Konvent von Wilhelmsbad aber wandte sich die Freimaurerei insgesamt auf ihrer Suche nach einer neuen Verankerung in der Vergangenheit den antiken Mysterien zu. Die Mysterienliteratur des späten 18. Jahrhunderts – und das ist vermutlich der Grund für ihre Unbekanntheit – ist gewiss kein Phänomen des literarischen Höhenkamms. Es handelt sich vor allem um gelehrte Abhandlungen, die – so heiß auch immer sie in jener Zeit diskutiert worden sein mochten – alsbald wieder einer bis heute andauernden Vergessenheit anheim fielen. Doch gibt es auch einige Werke der schönen Literatur. Unter diesen ragen zwei Romane heraus, die zugleich Anfang und Ende dieser Mysterienkonjunktur markieren: Matthias Claudius, *Geschichte des egyptischen Königs Sethos*, erschienen 1777 und 78 und Johann Heinrich Jung-Stilling, *Das Heimweh*, erschienen 1794 und 1795.[62] Claudius' Roman ist eine Übersetzung aus dem Französischen des Abbé Jean Terrasson, dessen Roman schon 1731 erschienen war, aber erst in Claudius' Übersetzung in Deutschland Furore machte.[63] Jung-Stillings Roman ist der Versuch, das freimaurerische und freidenkerische Mysterienparadigma im christlich-pietistischen Sinne umzudeuten und das Reich Gottes als eine Geheimgesellschaft darzustellen inklusive der ägyptischen Einweihung in den Substruktionen der Pyramiden, die ganz im Sinne der *Zauberflöte* und in engster Anlehnung an Claudius-Terrasson als ein Gang durch Feuer und Wasser dargestellt wird.[64]

Die gelehrten Abhandlungen bilden den Hauptanteil des Mysteriendiskurses. Zwischen 1782 und 1787 erschienen schätzungsweise zwei Dutzend größere Publikationen. Es handelt sich zweifellos um ein bedeutendes wissenschaftsgeschichtliches Phänomen. Zentrum dieser Debatte war Wien und hier wiederum die Loge *Zur Wahren Eintracht*. Diese Loge wurde 1781 gegründet und seit 1782 geleitet von Ignaz von Born, einem in seiner Zeit berühmten Mineralogen und Aufklärer, der diese Loge sowohl zu einer Art Akademie der Wissenschaften und dem Zentrum der Aufklärung in Österreich, als auch zu einer Hochburg der Illuminaten ausbaute.[65] 1782 startete von Born, offensichtlich in Reaktion auf den Freimaurerkonvent von Wilhelmsbad, ein großangelegtes Forschungsprojekt, das sich systematisch mit sämtlichen damals bekannten Mysterienkulten der Antike beschäftigte. Er selbst machte mit einer Monographie über die *Mysterien der Aegyptier* den Anfang.[66] Die Ergebnisse dieser Forschungen wurden als Vorträge in sogenannten Übungslogen gehalten und in dem von dieser Loge herausgegebenen *Journal für Freimaurer* (im Folgenden: *JF*) publiziert. Auf diese Weise kamen insgesamt nicht weniger als 13 größere Arbeiten über antike Mysterien zustande:

1. Ignaz von Born, »Die Mysterien der Aegyptier«, *JF* 1, 1784, 15–132.
2. Karl Josef Michaeler, »Ueber Analogie zwischen dem Christenthume der erstern Zeiten und der Freymaurerey«, *JF* 2, 1784, 5–63.
3. Joseph Anton von Bianchi, »Über die Magie der alten Perser und die Mithrischen Geheimnisse«, *JF* 3, 1784, 5–96.
4. Ignaz von Born, »Über die Mysterien der Indier«, *JF* 4, 1784, 5–54.
5. Anton Kreil, »Geschichte des pythagoräischen Bundes«, *JF* 5, 1785, 3–28.
6. Karl Haidinger, »Über die Magie«, *JF* 5, 1785, 29–56.

7. Carl Leonhard Reinhold, »Ueber die kabirischen Mysterien«, *JF* 7, 1785, 5–48.
8. Anton Kreil, »Über die wissenschaftliche Maurerey«, *JF* 7, 1985, 49–78.
9. Anton Kreil, »Geschichte der Neuplatoniker«, *JF* 6, 1785, 5–51.
10. Carl Leonhard Reinhold, »Über die Mysterien der alten Hebräer«, *JF* 9, 1786, 5–79.
11. Augustin Veit von Schittlersberg, »Ueber den Einfluß der Mysterien der Alten auf den Flor der Nationen«, *JF* 9, 1786, 80–116.
12. Anton Kreil, »Ueber die eleusinischen Mysterien«, *JF* 10, 1786, 5–42.
13. Carl Leonhard Reinhold, »Ueber die größern Mysterien der Hebräer«, *JF* 11, 1786, 5–98.
14. Michael Durdon, »Über die Mysterien der Etrusker, insonderheit über die Geheimnisse des Bachus«, *JF* 12, 1787, 5–164

Im Zusammenhang unserer Frage nach dem Ägyptenbild der Freimaurer ist vor allem die Abhandlung Ignaz von Borns interessant. Er beginnt seine Schrift mit der Verlustgeschichte des Wissens, d. h. einer pessimistischen Sicht der Geistes- als Verfallsgeschichte, die dem Illuminismus eigen ist und sich von Adam Weishaupts Geschichtsphilosophie herleitet, sowie einer bitteren Kritik der traditionellen Geschichtsschreibung, eines »Lobgedichts auf Könige und Große«, die über jene schweigt, die »an der Aufklärung ihres Vaterlands arbeiteten«. Was er vermisst, ist Kultur- und Geistesgeschichte. Insbesondere bedauert von Born den Verlust der »heiligen Jahrbücher Ägyptens«, eine Art priesterlicher Buchführung über die Regierung der Könige, wie sie Diodor in Kap. 43.6 und 44.4 erwähnt. Aus diesen heiligen Annalen zitiert von Born einige wichtige Stationen der ägyptischen Geschichte, um seinen Lesern eine Idee von der Bedeutung des Verlorenen zu geben, und beruft sich dabei weitgehend auf Diodor: *Hermes* lehrte Künste und Wissenschaften (I 43,6), *Menes* ordnete die Mysterien

Abb. 16: Ignaz von Born

(I 45: von »Mysterien« ist bei Diodor keine Rede. Menes »wies das Volk an, die Götter zu verehren und Opfer zu bringen«. Vor allem aber habe er dem einfachen Leben ein Ende gemacht und eine luxuriöse Lebensweise eingeführt.) *Busiris* verflucht »den Fürsten, der Verschwendung und Weichlichkeit in Ägypten einführen wird«; *Sesostris* brachte Ordnung in die öffentliche Verwaltung (von diesem König, den er Sesoosis nennt, erzählt Diodor in den Kapiteln 53–58[67]). *Urocheos* setzte dem Nil im Osten von Memphis Dämme entgegen (I 50: bei Diodor »Uchoreus«, verschrieben für Ochureus. Diodor schreibt von einem Damm gegen Süden, also gegen die Überschwemmung). »*Remphis* ... herrschte mit Härte über Ägypten« und raffte 400 000 Talente Gold und Silber zusammen (I 62.5, der Rhampsinitos Herodots, eine Legendenfigur). Die Liste schließt mit zwei grundsätzlichen Aussagen, die v. Born seinen priesterlichen Geschichtsschreibern in den Mund legt, ohne sich hierfür auf antike Quellen berufen zu können: »*Osiris* war ein Sterblicher. Wir bezeichnen die Sonne ... mit seinem Namen« und »Die Kenntniß der Natur ist der Endzweck unsrer Anwendung. Diese Zeugerinn, Nährerinn und Erhalterinn aller Geschöpfe verehren wir unter dem Bilde der *Isis*. – Nur jener deckt ihren Schleyer ungestraft auf, der ihre ganze Macht und Kraft kennet«. Von diesen wichtigen Urkunden seien nichts als versprengte Fragmente übrig geblieben, denen der Autor nachgespürt habe. Dabei habe sich ihm alsbald gezeigt, wie ungerecht das negative Urteil der neueren Geschichtsschreibung über das alte Ägypten sei. Man wüsste gern, an wen von Born hier, auf dem Höhepunkt einer allgemeinen Ägyptenfaszination, denken könnte.

Ignaz von Born teilt seine Darstellung in drei Abschnitte ein. Der erste (26–45) gibt einen Überblick über die ägyptische Geschichte, der zweite (45–84) versucht einen Einblick in die geistige Welt Ägyptens zu gewinnen und der dritte (85–131) zieht Vergleiche zwischen den ägyptischen Mysterien und der Freimaurerei. Der geschichtliche Abschnitt hält sich ziemlich eng an die bereits erwähnten Königsnamen und schmückt sie mit weiteren legendenhaften Details aus. Den ursprünglichen Naturzustand des Menschen beurteilt von Born weniger optimistisch als Weishaupt und andere, die darin ein Goldenes Zeitalter im Zeichen von Unschuld, Frieden und Gottesnähe erblickten. »In diesem Zustand ist er (der Mensch) dumm, mißtrauisch und bösartig« (26). Erst mit der Sicherung der primitivsten Bedürfnisse wird der Mensch gesellig, »arbeitet gemeinschaftlich«, d.h. arbeitsteilig, und wird von seiner Vernunft zur Anerkennung eines höheren Wesens, der Gottheit, geführt. »Das ist die erste Geschichte aller Völker und auch Ägyptens« (27). Osiris und Isis – auch Diodor bezeichnet die ägyptischen Götter als vergöttlichte Sterbliche (I 13.1) – begründeten die Zivilisation unter den Ägyptern, Thoyt oder der »erste Hermes« erfand eine Symbolschrift, der »zweite Hermes« machte daraus die Hieroglyphenschrift und errichtete zwei Säulen, auf denen er »den ganzen Umfang der ägyptischen Wissenschaften einhauen ließ«[68], der »dritte Hermes« genannt »Trismegistus« endlich sammelte nach einer zwischenzeitlich eingetretenen Flutkatastrophe die »zerstreuten Überbleibsel« und stellte die Wissenschaften und Künste in ihrem ursprünglichen Glanz und Umfang wieder her. Hier folgt von Born dem Chronographen Synkellos, der allerdings nur zwei Hermesse nennt:

> Er (Manetho) war ein Hohepriester in der Zeit des Ptolemaeus Philadelphos und schrieb nach Inschriften im siriadischen Lande (Ägypten[69]), die von Thoth, dem ersten Hermes, in heiliger

> Sprache und Schrift aufgezeichnet waren. Nach der Flut habe sie der zweite Hermes, Sohn des Agathodaimon, in Hieroglyphen übertragen und in den ägyptischen Tempeln in Büchern niedergelegt.[70]

Wissen und Wissenschaften stehen also im Zentrum der Bornschen Darstellung ägyptischer Geschichte. Sesostris, »dieser Salomon Ägyptens« (34) teilte das Land in 36 Bezirke[71] und organisierte das Rechts-, Versorgungs-, Erziehungssystem und den Götterkult, denn »immer ward aber die Religion mit eingemengt, weil dieser von jeher der mächtigste Zaum war, das Volk nach den Absichten der Regenten zu lenken« (37): das ist ein Grundsatz der radikalen Aufklärung, die jede Religion als politische Theologie entlarvt. Wieder übergeht von Born die bei Diodor ausführlich geschilderten Kriegstaten des Welteroberers Sesostris: ihm kommt es nur auf die zivilisatorischen Leistungen an.

Was sich v. Born sonst noch in diesem Abschnitt aus Diodor herausholt, betrifft das berühmte Grabmal des Osymandyas (d.h. das Ramesseum), die Stadt Memphis, die »Uchoreus« erbaut haben soll, Obelisken, Kolossalstatuen und – natürlich – die Pyramiden, die er als Wissensspeicher deutet, errichtet zur Rettung des kulturellen Gedächtnisses:

> Das Beyspiel der ersten Aegyptier, die auf eine ähnliche Art ihre Geschichte und Geheimnisse in die Säulen des Thoyts, oder, wie andere behaupten, in die Wände der unterirdischen Höhlen eingruben, das Zeugniß des Plinius, welcher die Hieroglyphen auf den Obelisken für philosophische Betrachtungen ausgibt (Hist.Nat. lib. 36 cap. 9), die Dauerhaftigkeit der Materialien, die sie dazu auswählten, die Festigkeit, welche sie diesen Steinmassen gaben, die majestätische Einfalt dieser Gebäude, bey welchen sie nichts suchten als ihnen Dauer und Ruhm zu verschaffen, die Figur einer Pyramide, d.i. eines Körpers, der eine weit ausgedehnte Grundfläche hat und sich in eine Spitze

> endet, alle diese Umstände machen es mehr als wahrscheinlich, daß sie bloß in der Absicht aufgerichtet worden seyen, um mit dem ganzen Umfang ihrer politischen, bürgerlichen und priesterlichen Kenntnisse überschrieben zu werden; so daß sie gleichsam bestimmt waren die Bibel der Aegyptier zu werden. (43f.)

Die Ägypter waren nicht nur die ersten, ein umfassendes Gebäude der Wissenschaften und Künste auszuarbeiten und auf eine dauerhafte, die Wechselfälle der Jahrtausende überdauernde Basis zu stellen, sie gaben dieses Wissen auch an landfremde Besucher weiter, die es über die Erde verbreiteten: Orpheus, Musäus, Melampus, Dädalus und Homer, und später Pythagoras, Plato, Eudoxos, Demokrit, Aenopis (= Oinopides), Telekles und Theodorus, sowie, was die Gesetzgebung angeht, Moses, Solon und Lykurg. Zum pessimistischen Geschichtsbild der Illuminaten gehört, in eins mit der Vorstellung eines allgemeinen Verfalls des Wissens, das es aus verstreuten Spuren wieder zu rekonstruieren gilt, die Idee eines gemeinsamen Ursprungs des Menschheitswissens, der dann erst der späte Herder mit seiner Idee je eigener, dem spezifischen Genius der verschiedenen Völker entsprungenen Überlieferungen entgegengetreten ist.[72]

Der zweite Abschnitt behandelt »Verfassung, Pflichten und Kenntnisse der ägyptischen Priester« und skizziert zunächst die Grundzüge der ägyptischen Religion, die »bey dem Mangel aller Offenbarung« das Göttliche im Wirken der Naturkräfte, allen voran der Sonne erkannten. Der ursprüngliche Kult bestand im Dankopfer der Feldfrüchte, dann kam Brot dazu und schließlich mit der Entwicklung der Viehzucht auch blutige Opfer, eine Entwicklungslinie, die unverkennbar im Sinne des Verfalls gezeichnet ist. Zu Menschenopfern aber sei es in Ägypten nie gekommen. Die diesem Kult gewidmeten Opferdiener entwickelten sich zu einer von der übrigen Gesellschaft abgesonderten Kaste, wurden aber »zum Glück, bevor sie noch in eine dem Wohle Ägyptens schädliche und gefährliche Gesellschaft ausarten konnte« von Thoyt in einer Weise gegliedert und unterwiesen, »welche sie würdig machte, die Bewahrer der Gesetze des Landes, der höhern Kenntnisse und der erhabensten Geheimnisse zu werden, und an der glücklichen Verwaltung Ägyptens Theil zu nehmen, dessen Wohl der einzige Endzweck dieses merkwürdigen Priesterthums war«. (48) Mit einem Wort: bevor das ägyptische Priestertum zum Klerus, zu Mönchen und Jesuiten »ausarten« konnte, wurde es von Thot zu Dienern der Gesellschaft, d. h. zu Freimaurern herangebildet.

Die Aufnahmebedingungen in diesen Priesterorden waren streng und entsprachen auf seltsame Weise den Usancen der Freimaurerei. Der Kandidat musste ein »freyer Mensch« sein, Handwerker, Ackerbauern und Hirten waren ebenso vom Dienst der Götter ausgeschlossen wie »das weibliche Geschlecht«. Auch hierfür beruft sich v. Born auf Diodor, der freilich in Kap. 73 und 74 etwas anderes sagt. Die Kategorie »Freiheit« spielt bei ihm ebensowenig eine Rolle wie das weibliche Geschlecht.[73] Er teilt die ägyptischen Stände in landbesitzende und nicht-landbesitzende ein. Land besitzen die Könige, die Priester (d. h. die Tempel) und die Soldaten (was den Tatsachen entspricht). Darüber hinaus gibt es Bauern, Hirten und Handwerker, deren berufliche Tüchtigkeit Diodor in leuchtendsten Farben schildert. Von den Priestern aber schreibt er, und das ist natürlich Wasser auf v. Borns Mühle:

> So sind sie immer um den König und beraten mit diesem in wichtigen Dingen alles im Voraus, in anderen wieder sind sie teils Mitarbeiter, teils mit ihren Vorschlägen Belehrende für ihn. Mit Hilfe von Sternenkunde und Opferschau deuten sie die Zukunft und lesen jeweils aus den heiligen Schriften die Berichte vor, die von Nutzen sind. ... Steuern zahlen sie nicht, folgen an Ansehn und Einfluß aber gleich hinter dem König. (I 73.4–5)

Das ist ziemlich genau die Rolle, die die Freimaurer im josephinischen Staate spielen wollten. Im Hinblick auf die ägyptischen Verhältnisse, an die Diodor bzw. sein Gewährsmann Hekataios von Abdera allenfalls gedacht haben mochte, handelt es sich hier um eine ebenso utopische Schilderung wie mit Bezug auf das josephinische Wien. Die von den Ptolemäern eingesetzten Priestersynoden entsprachen dem typischen Kunstgriff der Kolonialherren, durch Einbeziehung indigener Eliten ihrer Herrschaft einen konsensualen Anstrich zu geben, waren aber weit davon entfernt, »immer um den König zu sein«. Was Hekataios hier schildert, war ein Programm, das er seinem König Ptolemaios I. im Sinne eines Fürstenspiegels vorhielt. In genau dem gleichen Sinne griff von Born für Joseph II., so wie vor ihm schon Bossuet für Ludwig XV., auf Diodors Darstellung Ägyptens als einer aufgeklärten Monarchie zurück, regiert von einem König, der von einer philosophisch gebildeten Elite gesteuert wurde.[74] I. von Born betrachtete das alte Ägypten durch eine josephinische Brille: unter diesem Blickwinkel und in dieser Beleuchtung musste ihm Diodors Ägyptenbericht als die bei weitem glaubwürdigste und aufschlussreichste Quelle erscheinen. Denn Diodors Gewährsmann für Ägypten, Hekataios von Abdera, hatte selbst Ägypten durch eine Brille betrachtet, die man am besten als »josephinisch« charakterisiert. Er war im Anschluss an die Eroberung Ägyptens durch Alexander den Großen in dieses Land gereist, um sich darin niederzulassen, seine Kultur und Geschichte zu studieren und mit seiner Darstellung Ägyptens dem Diadochenkönig Ptolemaios I. ein Werkzeug in die Hand zu geben, dieses Land im Einklang mit seinen Traditionen und Institutionen zu regieren. Offenbar erblickte er genau wie die Wiener Freimaurer in einer aufgeklärten, auf gute Gesetze und der Wohlfahrt des Landes verpflichteten Monarchie die beste Regierungsform. Die traditionelle griechische Staatslehre unterschied zwischen der Willkürherrschaft der orientalischen Despotie und den auf Gesetze gegründeten Herrschaftsformen der griechischen Polis, seien sie nun demokratisch oder oligarchisch. Hekataios sah in Ägypten, wie vor ihm schon Platon und Isokrates, die ideale Verbindung von Gesetz und Monarchie. Diodor/Hekataios zeichnet das Bild eines Monarchen, dessen durchritualisierte Lebensführung bis in alle Einzelheiten durch Gesetze vorgeschrieben und von Priestern kontrolliert ist. »Für die Könige war alles nach Gesetzen und Vorschriften geregelt, und dies nicht nur in Bezug auf ihre offizielle Tätigkeit, sondern auch auf ihr Privatleben und den ganzen Tagesablauf. Ihre Bedienung lag vollkommen in den Händen von Söhnen der angesehensten Priester.« (I 70.1) Dadurch sollte »verhütet werden, dass der König Übles treibe; denn kein Herrscher vermag allzu tief in Schlechtigkeit abzusinken, wenn ihm die Diener fehlen, die ihn in seinen Schlechtigkeiten unterstützen« (I 70.3). Das geht seitenlang so weiter, von Born zitiert daraus mit unverhohlener Begeisterung.

Nach v. Born waren die Priester sogar »wie die Soldaten der königlichen Würde fähig, wovon wir in der Geschichte ein bekanntes Beispiel an dem Sethos haben.« (77). An welchen Sethos v. Born hier denkt, ist mir nicht klar. Die ägyptische Geschichte kennt zwei Könige dieses

Namens; keiner von ihnen war vor seiner Thronbesteigung Priester oder stammt aus dem Priestertum. Auch der Held von Terrassons gleichnamigem Roman ist ein junger Prinz, kein Priester. Der Priester Sethos in Tobias Philipp von Geblers »heroischem Drama« *Thamos König in Egypten*, zu dem Mozart die Bühnenmusik geschrieben hat, ist der verkappte König Menes, der im Priestertum untergetaucht ist. Für das allgemeine Prinzip beruft sich von Born auf Plutarch. »Alle Könige, selbst jene, die aus dem Soldatenstande gewählt wurden, mussten in die Mysterien eingeweiht werden.« (Plutarch, *De Iside et Osiride* Kap. 8).[75] Diese Stelle ist zentral für das Mysterienverständnis des 18. Jhs., weil sie Geheimnis und Herrschaft in engste Beziehung setzt. Die Legitimation zum Herrschen setzt Einweihung in die Mysterien voraus; hier ging es im wahrsten Sinne des Wortes um Herrschaftswissen. Man muss nur »Einweihung« durch »Aufklärung« ersetzen, um die politische Brisanz dieser Form von Altertumswissenschaft zu verstehen.

Das Bild, das von Born vom ägyptischen Priester-»Orden« entwirft, gründet sich neben Diodor auf Porphyrios (d.h. auf Chairemon), Herodot, Plutarch, Clemens Alexandrinus, Apuleius und Jamblich. Hier werden die Quellen also vielfältiger. Die Priester waren beschnitten und strengen Aufnahmeprüfungen, Reinheitsvorschriften, Kleidungs- und Speisevorschriften unterworfen. Neben dem Gottesdienst bestand ihre Hauptaufgabe in der Pflege der Wissenschaften, insbesondere der Theologie, Philosophie, Naturkunde, Medizin, Mathematik, Geometrie, Geographie, Astronomie und Schriftkunde. Es gab verschiedene Ränge (Propheten, Stolisten, Hierogrammaten, Horologen und Pastophoren), die sich jeweils auf die Beherrschung verschiedener Abteilungen der hermetischen

Schriften zu spezialisieren hatten: hier beruft sich von Born auf die berühmte Schilderung, die Clemens von einer ägyptischen Priesterprozession gibt. Dieser lässt die Vertreter der einzelnen Ränge mit ihren Insignien auftreten und beschreibt für jeden, welche Bände der Schriften des Hermes er im Kopf hat. Das ägyptische Priestertum dient v. Born als Modell seines Konzepts einer »wissenschaftlichen« Freimaurerei. Gewährsmann für die Theologie ist Jamblich, aus dessen *De Mysteriis* er wörtlich den Abschnitt über den »Gott auf der Blume« zitiert. Jamblich will hier zeigen, wie die ägyptische Symbolschrift funktioniert, worunter er offenbar nicht die normale Hieroglyphenschrift, sondern die sakrale Ikonographie versteht. Dafür dient ihm als Beispiel der (seit der späten 18. Dynastie belegbare) Bildgedanke des Kindes, das auf einer auf dem »Schlamm« schwimmenden Lotusblüte[76] sitzt, einer Darstellung der Morgensonne. Auf diese Stelle bin ich im zweiten Kapitel bereits eingegangen. Den Schlamm deutet Jamblich als Symbol der Materie, die Blüte als Sinnbild der die Materie bewegenden und erleuchtenden Geisteskräfte, und das Kind als Symbol der über allem thronenden Gottheit, »Geist, ewig, untheilbar, ganz von sich selbst, alles in sich fassend, aus allem hervorleuchtend, und dennoch von allem unterschieden und abgesondert«, eine durchaus paradoxe Verknüpfung von Immanenz und Transzendenz.[77] Von Born setzt dann noch eine andere Stelle aus Jamblich hinzu, die den ägyptischen Gottesbegriff zusammenfasst: »Vor dem Anfang aller Dinge war Gott, allein, älter als die Sonne, damals unbewegt und in seine Einheit verborgen ... Keine Vorstellung, die wir uns von ihm machen, ist seiner würdig. Er ist aus sich selbst ausgegangen und wahrhaft gütig. Giebt es was größeres und älteres als er ist? Die Quelle alles Guten, die Wurzel, aus der alle Wesen und aller Verstand sprossen. Er ist ... sein eigener Urheber. Der Anfang aller Dinge, der Gott der Götter, die Einheit und das Urwesen, aus dem Geschöpf und Wesenheit flossen.«[78] Dieses neuplatonische Credo gilt v. Born als Inbegriff altägyptischer Arcantheologie, mit der er sich unverkennbar identifiziert. Die vielen Gottheiten, die das Volk verehrt, sind für den eingeweihten Priester nur sichtbare Symbole oder Hypostasen des unsichtbaren, unvorstellbaren Einen: »Das, was das Volk als besondre von einander unterschiedne Götter ansah, war für den Priester eine Vorstellung [d. h. Repräsentation] der verschiednen Eigenschaften des einigen Gottes, den er in seinen Mysterien kennen lernte« (59). Nächst der erhabenen Gottesidee war »die Erinnerung an den Tod den Eingeweihten tief eingeprägt, und die Unsterblichkeit der Seele in den Mysterien Ägyptens erkläret, von welchen sie in die Mysterien aller Völker überpflanzet wurde« (60). Der Polytheismus war also eine Sache der Volksreligion, während die Priesterschaft einem esoterischen Monotheismus huldigte. Diese Struktur kann man mit einem Begriff des Polyhistors Reimmann *philosophia* oder *religio duplex* nennen (vgl. oben S. 77);[79] sie liegt so gut wie allen zeitgenössischen Darstellungen der ägyptischen Religion zugrunde und ist natürlich maßgeblich für den Begriff des Geheimnisses und die Deutung der ägyptischen Priesterschaft als einer Geheimgesellschaft (d. h. einer Gesellschaft von Geheimnisträgern), ebenso wie für das Selbstverständnis der Freimaurerei, die darin ihr Vorbild erblickte.

Im weiteren Verlauf geht v. Born die einzelnen Wissenschaften durch, wobei die Hierogrammatik den Anfang macht (S. 62–64). Er beruft sich hierfür auf das im 18. Jh. maßgebliche Hieroglyphenbuch von W. Warburton[80], gibt es aber in stark vereinfachter Version wieder. Die Ägypter hatten zwei Schriftsysteme, die die Struktur der *religio duplex* widerspiegeln, eine für den allgemeinen Volksgebrauch und eine für den exklusiven Gebrauch der Priester. Die Naturkunde »behauptete unter den philosophischen Wissenschaften den ersten Platz«, denn die Natur wurde im Bild der Isis verehrt. Die Gleichsetzung der Göttin Isis mit »Mutter Natur« ist im 17. und 18. Jh. gang und gäbe und geht auf den mit spinozistischer Brille gelesenen Traktat *De Iside et Osiride* des Plutarch zurück. »Die Aufschrift auf der Bildsäule der Isis im Tempel zu Sais drückt ganz aus, wie genau sie [die Priester] den weiten Umfang dieser Wissenschaft kannten: »Ich die Natur bin alles, was war, ist und seyn wird; niemand hat mich noch ganz enthüllet.« »Die Natur« ist ein Zusatz v. Borns, der diese Inschrift wie damals allgemein üblich auf die Idee der Naturgeheimnisse bezieht. Die Naturwissenschaft versteht sich als das Projekt ihrer andächtigen und nie ganz zu erreichenden Entschleierung. Zugleich stellte man sich seit der Renaissance Isis im Bilde der ephesischen Diana »multimammia« vor, die mit ihren als Brüste gedeuteten Tierbälgen alles Lebendige ernährte.[81]

Naturkundliche Schriften des 17. und 18. Jhs. zeigen gern als Frontispiz das Bild der entschleierten Isis. Ein solches Bild sehen wir auch im Hintergrund des Porträts Ignaz von Borns (Abb. 16). Ein frühes Beispiel ist etwa das Frontispiz zu Gerhard Blasius, Anatome Animalium, Amsterdam 1681. Pierre Hadot hat dem Motiv des verschleierten Bildes der Isis und seiner Beziehung zur Idee der »Naturgeheimnisse« eine großartige Studie gewidmet.[82]

Neben allen möglichen anderen Wissensgebieten geht v. Born auch auf die »hermetische Philosophie« ein, »welche die Magie und Alchymie in sich begreifet, zwey

Abb. 17: Isis multimammia

Kenntnisse, die so sehr unter dem Menschengeschlecht verlohren gegangen zu sein scheinen, daß die größte Anzahl der aufgeklärtesten Geister unseres Jahrhunderts sichs zum Stolz anrechnet, zu glauben, daß sie niemals da gewesen sind.« (72) Ignaz v. Born, selber praktizierender Metallurge, Erfinder eines erfolgreichen Amalgamierungsverfahrens und möglicherweise auch Alchemist versteht also unter dem Hermetismus in erster Linie dessen praktische Komponente, zu der er aber außer der natürlichen Magie auch die »Theurgie« rechnet, d.h. Techniken, die Götter und Geister zur Erscheinung zu bringen und mit ihnen zu kommunizieren.

Abb. 18: Die Entschleierung der Isis als Allegorie der Naturwissenschaft

Wichtig für v. Born ist auch das würdevolle Betragen der Priester. Sie lebten enthaltsam, »badeten dreymal des Tags und wuschen sich öfters die Hände«. (50) »Nur an Festtagen kamen sie in die Gesellschaft anderer Menschen, sonst wandelten sie stets neben und unter den Bildsäulen ihrer Götter herum. Ihr Gang war abgemessen, ihre Augen niedergeschlagen, ihre Stirne in Nachdenken vertieft, ihr Betragen ernsthaft und der Würde ihrer Bestimmung angemessen.« (50f.) So schreiten die Priester in Sarastros Reich einher zu den Klängen der Marcia, die den II. Akt der *Zauberflöte* eröffnet. Von Born beruft sich für diese Beschreibung auf Porphyrios;[83] dieser hat sie, wie wir heute wissen aus Chairemon, und der musste es schließlich wissen, denn er gehörte selber zur ägyptischen Priesterschaft, bevor er es zum Erzieher des Kaisers Nero brachte.[84] Der Fall ist übrigens typisch; allzugern belächeln wir die Ägyptenbeschreibungen von Griechen, die nie in Ägypten waren oder keine lebendige Anschauung von längst untergegangenen Bräuchen mehr haben konnten, ohne zu bedenken, dass diese Beschreibungen auf einer uns weitgehend verlorenen Literatur fußen, die auf lebendiger Beobachtung beruhte und großenteils von Ägyptern selbst geschrieben war.

Der dritte Abschnitt zieht nun die Parallelen zur Freimaurerei, die sich dem aufmerksamen Leser freilich schon auf Schritt und Tritt aufgedrängt haben, wurde doch die griechische Ägypten-Überlieferung unter einer entschieden freimaurerischen Perspektive auf solche Parallelen hin in den Blick gefasst. Die wichtigste Parallele besteht zweifellos im Initiationsritus, wofür v. Born den einzigen antiken Bericht über eine Einweihung in die Mysterien der Isis, die berühmte Passage im XI. Buch des Goldenen

Esel von Apuleius heranzieht (94–101). Hier findet er die der Einweihung vorausgehenden Lehren und Prüfungen hinsichtlich der Ernsthaftigkeit, Entschlossenheit, Selbstzucht, Kraft, Geduld und nicht zuletzt auch Zahlkraft des Initianden sowie eine erste Andeutung der »erhabenen Begriffe von Gott und der Natur«, wie es auch in der Freimaurerei Brauch ist. Die eigentliche Einweihung beginnt mit einem Tag voller Reinigungen und zehntägigem Fasten. Schließlich wird der Novize in Leinen gekleidet und in den Tempel geführt. Die nun folgenden nächtlichen Vorgänge unterstehen dem Schweigegebot; Apuleius deutet sie in Bildern an:

Accessi confinium mortis	Ich habe das Gebiet des Todes betreten
et calcato Proserpinae limine	meinen Fuß auf die Schwelle der Proserpina gesetzt
per omnia vectus elementa remeavi	und bin, nachdem ich durch alle Elemente gefahren bin, wieder zurückgekehrt.
nocte media vidi solem	Mitten in der Nacht habe ich die Sonne
candido coruscantem lumine	in weißem Licht strahlen sehen.
deos inferos et deos superos accessi coram	den unteren und den oberen Göttern bin ich von Angesicht zu Angesicht gegenübergetreten
et adoravi de proxumo	und habe sie aus der Nähe angebetet.

Am Morgen wird der Neugeweihte dem jubelnden Volk ad instar solis, »wie der Sonnengott« vorgestellt und seine Einweihung »wie eine Wiedergeburt gefeyert«. Die Ähnlichkeiten zur maurerischen Initiation sieht v. Born in der Vorbereitungszeit, in der Bestimmung des Einweihungstages durch den Oberpriester, der abendlichen Versammlung der Priester zur Einweihung, der Einführung in den Tempel durch den Priester, »daß er in finstern Gemächern mit dem Schrecken des Todes bedrohet und durch alle Elemente an seine vorige Stelle zurückgebracht werde, und daß er um Mitternacht helles Licht sah« (99). Die verschiedenen Einweihungen, von denen Apuleius berichtet, in die Mysterien zunächst »der Isis oder der Natur, des Serapis oder der innern Kenntniß der Natur, und des Osiris oder des vollkommenen Erkenntnißes der höchsten Gottheit« entsprechen dem, »was die verschiedenen Grade in der Maurerey sind.« Auch das maurerische Stillschweigen findet sein Vorbild bei den Ägyptern in Gestalt des Gottes Harpokrates, der zum Zeichen der Verschwiegenheit den Finger an den Mund legt. In Wahrheit handelt es sich um eine kindliche Geste, denn Harpokrates, die gräzisierte Form des ägyptischen *Hrw-p3-hrd*, »Horus-das-Kind« ist ein Kindgott. Aber die Deutung seiner Ikonographie auf die Verschwiegenheit geht bereits auf Plutarch (*De Iside* cap. 68) zurück. Die Schürze der Freimaurer wird mit dem Schurz der Ägypter in Verbindung gebracht. Die Gegenstände der priesterlichen ägyptischen Wissenschaften sind auf dem maurerischen Tapis symbolisiert. Auch die zwei Säulen des Hermes, auf denen alles Wissen der Ägypter verzeichnet war, finden sich auf dem Tapis dargestellt. Das maurerische Rechteck, »der geschlossene Rahmen«, stellt bei den Ägyptern nach Plutarch die Welt dar (De Iside 381, 382). Die Fransen »auf unsern mystischen Tafeln« gehen auf die Fransen in Salomons Tempel zurück, diese aber auf einen Strick, der »zur Mythologie der Priester gehörte«. Er wurde nach Plutarch (De Iside 358) »während der Mysterien mitten in den Tempel geworfen und dann in Stücke zerhauen« als Darstellung der Gefährdung des Horus durch eine Schlange, mit der Thueris dem Horus aufgelauert habe um ihn zu töten. Tamino-Horus? So geht es mit sämtlichen Details der maurerischen Ikonographie: die »Mosaische Arbeit« (das Mosaik), die Wasserwaage, das Winkelmaß, das Senkblei, der Zirkel, das Reißbrett, die Maurerkelle, der rohe und der behauene Stein, sogar der Hammer (bei den Ägyptern der Pflug), Sonne und Mond (= Osiris und Isis) und der »flammende Stern« (der Stern Canopus der Ägypter, ein Symbol des Nils), alles kommt aus Ägypten oder hat zumindest hier eine Entsprechung.

Die Sphinx symbolisiert »Weisheit« als Verbindung von »Schönheit« (Jungfrau) und »Stärke« (Löwe): die drei obersten maurerischen Ideale. Die Zahl Drei war den Ägyptern ebenso heilig wie den Freimaurern. »Unter den Zeichen der hieroglyphischen Kurrentschrift kommen öfters Dreyecke vor« (117). Blau, die Farbe der Meister, wurde von den Ägyptern besonders geschätzt.[85] Die Ägypter haben vor allen anderen Göttern die Sonne verehrt, der maurerische Kult kreist um das Licht. Zuletzt die Feste: zwei, ein Freuden- und ein Trauerfest standen bei den Ägyptern wie bei den Freimaurern obenan. Das Nilfest zur Zeit der Sommersonnenwende, von dem Heliodor berichtet, entspricht dem Johannisfest der Logen, die Trauer um Osiris, deren Festlichkeiten Plutarch erzählt, erlaubt den Vergleich »mit dem Trauergepränge« bei der Meisterweihe, »mit dem Tode unseres geliebten Meisters Adoniram, mit dem Beyleid, das wir der Witwe bezeugen, mit dem Akazienzweig, mit den drey Streichen, die der anzunehmende Meister empfängt, mit dem Suchen nach der Anweisung eines besonderen Lichtes, mit dem Jauchzen und der Freude der Brüder über die Wiederauffindung des verlohrenen Meisterworts.« (125) Bei der Meisterweihe führen die Logen eine Art Passionsspiel auf, das in der Tat auf verblüffende Weise den antiken Überlieferungen über die Trauerriten um Adonis nachgebildet ist. Bei dieser letzten Stufe der maurerischen Einweihung steht das Thema des Todes im Mittelpunkt. Vor allem aber, und damit schließt v. Born seine Darstellung, haben das ägyptische Priestertum und die Freimaurerei den gleichen Endzweck: Wahrheit, Weisheit und das Wohl der Menschen. In Ägypten trug der Oberpriester »das Amulett der Isis an der Brust mit der Aufschrift: das Wort der Wahrheit« (128) – gemeint ist die Figur der Ma'at (»Wahrheit-Gerechtigkeit«) als Brustschmuck des Wesirs, von der neben dem von v. Born genannten Plutarch auch Diodor und Aelian berichten. »Ist Wahrheit nicht das gleichsam verlohrene Meisterwort, über dessen Wiederauffindung wir uns in den Freystätten, die wir der Tugend bauen, freuen?« (130)

Das strahlende Bild des ägyptischen Priestertums, das v. Born aus den griechischen Quellen erschließt, führt er seinen Brüdern als Modell und Vorbild einer »wissenschaftlichen« Freimaurerei vor Augen, die nicht auf Offenbarung gegründet ist, sondern auf das andächtige Studium der Natur. Die ägyptischen Priester waren die Träger einer Aufklärung, die sie nur deshalb zum Geheimnis machen mussten, weil die Zeit für eine allgemeine Verbreitung der Wahrheit noch nicht reif war. Das Geheimnis liegt nicht in der Natur der Sache, sondern am noch immer unvollkommenen Zustand der gesellschaftlichen und politischen Verhältnisse: das ist die »historische Bedeutung« der ägyptischen Mysterien. »Auch wir eröffnen dem Eingeweihten, sobald er das Licht erblickt hat, daß wir nicht zu einer geheimen und verborgenen Gesellschaft bestimmt sind, daß wir uns aber, als Tyranney und Laster überhand nahmen, insgeheim verbanden, um uns desto sicherer entgegen zu stellen.« (89)

Viertes Kapitel

Das Erhabene – die Mysterien der Isis bei Mozart und Schiller

Unter den Mysterienschriften der Wiener Loge *Zur Wahren Eintracht* ist die Abhandlung von Anton Kreil über »Wissenschaftliche Freimaurerei« für das Ägyptenbild der Freimaurer vielleicht die interessanteste. Dem Begriff der »wissenschaftlichen Freimaurerei« waren wir schon bei Ignaz von Born begegnet. Seine ägyptischen Priester waren ja in allererster Linie Wissenschaftler, die sich neben ihren religiösen Verrichtungen mit allen Disziplinen eines reich entfalteten Wissenschaftsbetriebes beschäftigten. Kreil vertieft dieses Bild im Hinblick auf das Konzept der Religio duplex. Diese Priester bildeten eine Geheimgesellschaft, einen Orden, der seinen kultischen und wissenschaftlichen Obliegenheiten im Verborgenen, und zwar unter der Erde nachging.

Sein Beitrag, den er in zwei Sitzungen der Loge vortrug und anonym im *Journal für Freimaurer* Nr. 7, 1785, veröffentlichte, beschäftigt sich mit der Frage, ob die Freimaurerei in ihrem Inneren echte Geheimnisse verwahrt, oder ob sie sich nur den Anschein gibt. Im Gefolge des Konvents von Wilhelmsbad, als der Templermythos als Lüge und Erfindung aufflog, wird die aufgeklärte Freimaurerei immer wieder von Zweifeln geplagt, ob das so wohlgehütete Geheimnis vielleicht in nichts anderem als dem Umstand bestehen könnte, dass es gar kein Geheimnis zu bewahren und weiterzureichen gibt. Um an den Ursprung des Geheimnisses heranzukommen, muss man sich mit den ältesten, den ägyptischen Mysterien, beschäftigen. Der »ägyptische Priesterorden« scheint nach allem, was sich »aus den historischen Überbleibseln schließen lässt, in dem Besitze der gesammelten Kenntnisse der Vorwelt gewesen zu seyn.« Strabo zufolge schrieben die Priester »alles, was höhere und feinere Gelehrsamkeit war, in ihren geheimen Schriften« auf. Diese Priester, und nun folgt eine schier unglaubliche Theorie über die Formen altägyptischer Wissenskultur, »haben die Hälfte ihres Lebens in unterirdischen Höhlen zugebracht«, und hatten »eine sonderbare Leidenschaft für das Aushöhlen der Felsen«. »160 Fuß unter den Pyramiden waren Gemächer, welche miteinander durch Gänge kommunizierten ... Kurz, alles war mit Grotten, Höhlen und unterirdischen Gängen besetzt und durchschnitten. ›Täglich‹«, zitiert Kreil aus einem zeitgenössischen Werk, »›entdecken die Reisenden derer mehrere; denn itzt hat man noch kaum den hundertsten Teil davon entdecket. Wenn man diese Art, unter der Erde zu studieren, betrachtet, so dürfen wir uns nicht wundern, daß die Priester dadurch sich's zur Gewohnheit gemacht haben, alle ihre wahre oder vermeintliche Wissenschaft unter einem beynahe undurchdringlichen Schleyer zu verhüllen.‹«[86] Warum haben die ägyptischen Priester ihre Weisheit geheim gehalten? »Weil ihr Wissen solche Kenntnisse enthielt, die ... das Volk über Dinge aufklären könnten, die es ihm besser ist, nicht zu wissen.« (68) Im Willen aber, diese Kenntnisse trotzdem zu überliefern, zielten die Ägypter über ihre eigene Gesellschaft hinaus und fassten die gesamte Menschheit in den Blick, »denn sie baueten nicht für ihr Zeitalter, für ihre Nation, sondern für Jahrtausende, für ihre Gattung.« (69) Daher »trafen sie alle Menschen-mögliche Anstalten, ober und unter der Erde, führten ungeheure Steinmassen auf, denen sie eine uns unerreichbare Unvergänglichkeit zu geben wussten, und gruben ihre Weisheit in Hieroglyphen verkleidet in Pyramiden, Obelisken, steinerne Tafeln und Säulen zur stummen Aufbewahrung ein.« (64f.) Außerdem »wählten sie noch die rechtschaffensten, geprüftesten und hellsten Köpfe aus, um ihnen, nach gehöriger Ausbildung, Prüfung und Einweihung, das kostbare Pfand ihrer Geheimnisse zur Überlieferung auf die Nachkommenschaft anvertrauen zu können.« Bei den Riten ging es vor allem darum, die Neophyten »durch das stets erneuerte, stets aufgeweckte Bild des Todes, ihres Lebenszieles, nach und nach in jene gelassnere, gleichmüthigere Stimmung zu versetzen, in der man den Werth der Dinge mit kälterem Blute zu betrachten pfleget, auf seine Bestimmung ... aufmerksamer gemacht und ... eine höhere Zufriedenheit kennen und schätzen lernt. Dieser Todesgedanke mußte in den zu Prüffenden zum herrschenden erhoben werden, um der Sinnlichkeit und den niederen Trieben, die den Menschen so oft mit sich uneinig machen, ihr Blendendes, Täuschendes, Einseitiges und Brausendes zu benehmen, um sie aus ihrem Ich herauszuheben und über ihre ganzes Geschlecht auszubreiten, um sie in jenen erhabneren Zustand zu versetzen, worinn sie nicht aus Temperament, nicht blos aus Sympathie, sondern aus Grundsätzen wohlthätig würden.« (70f.) »Das ... sind die Maßregeln, die genommen werden mußten, wenn man Geheimnisse, dem Uneingeweihten undurchdringbar, auf die Nachkommen fortpflanzen soll; und wirklich ist das auch der Plan, nach welchem die Mysterien der Alten eingerichtet waren. ...« Kreil schließt »aus der Kunst, der

Vorsicht, und dem unermeßlichen Aufwand, wodurch sie den einen Theil ihres Zweckes so meisterlich erreichten, auf die Güte der anderen Hälfte ihres Plans, nämlich auch den lebendigen Geist der Hieroglyphe in verschwiegenen und unsterblichen Mysterien der bessern Nachwelt zu überliefern« und zieht daraus »den Schluß, daß es nicht vernunftwidrig ist, anzunehmen, daß ihre geheime Weisheit noch in unsern Tagen, so wie ihre Pyramiden, Obelisken und Sphinge, existiere.«[87] Es gibt sie noch, die Mysterien! Auch wenn sie in Ägypten selbst lange erloschen sind, mögen sie sich doch von dort in Nischen und Krypten des Menschheitsgedächtnisses zurückgezogen haben, in denen sie bis heute wenigstens in Spuren auffindbar und wiederbelebbar sind; z. B. in der Freimaurerei. Die Freimaurerei ist nichts anderes als »das Vehiculum« ägyptischer Geheimnisse unter den Bedingungen ihrer Vergessenheit. So wird die hermetische Höhle als unterirdischer Wissensspeicher und Einweihungsraum zum Inbegriff geheimer Weisheit und fehlt in kaum einem der Gärten, die sich wohlhabende Freimaurer in den letzten Jahrzehnten des 18. Jahrhunderts anlegten.

Die Freimaurer imaginierten sich also als die Erben jenes geheimen Wissensvorrats, den die Ägypter aus Angst vor Profanation oder auch vor einer künftigen Flutkatastrophe in ihre Grüfte und Tempel geschrieben hätten. Ganz abwegig ist diese Vorstellung nicht. Tatsächlich wurde die altägyptische Kultur ja von drei Flutwellen heimgesucht, die sie schließlich zerstört haben. Die erste war der Hellenismus; ihr hat die Kultur widerstanden, unter anderem auch durch den Bau von Tempeln, die von oben bis unten mit heiligem Wissen vollgeschrieben waren. Die zweite war das Christentum; ihr ist sie zum Opfer gefallen, allerdings nicht, ohne das Christentum tiefgreifend zu beeinflussen und auf diese Weise darin im Verborgenen weiterzuleben. Die dritte war der Islam, und der hat ihr den Rest gegeben, gleichzeitig aber auch die Legenden von den unterirdischen Speichern des hermetischen Wissens entwickelt. Diese Legenden knüpfen sich an die vielen Hunderte beschrifteter Tempel und Grabanlagen. Es stimmt ja, dass die Ägypter wenn nicht die Hälfte ihres Lebens, dann doch einen beträchtlichen Teil ihrer Zeit damit zugebracht haben, die Felsen auszuhöhlen und voll zu schreiben. Sie haben ungeheure Massen von Texten und Bildern in ihre Gräber und Tempel geschrieben, durchaus auch, um sie vor dem Vergessen zu bewahren. Dieser unentzifferbare Wissensvorrat hat die Phantasie des Morgen- und vor allem des Abendlands unablässig beschäftigt.

Abschließend zieht Kreil die Parallelen zu den Einweihungsriten der Freimaurer noch etwas konkreter aus. Dabei geht er auch auf den Anlass seines Vortrags ein. Der erste Teil war zu einer Gesellen-, der zweite zu einer Meisterweihe vorgetragen worden. Im Lehrlingsgrad geht es um »den Wandel des Weisen, Standhaftigkeit, Gleichmüthigkeit, Klugheit und Verschwiegenheit« (die der Tamino der *Zauberflöte* sich als »die Weisheitslehre dieser Knaben« »für ewig in das Herz gegraben« sein lassen will). »Im zweyten Grade werden uns die Wissenschaften und die Verstandesübungen dringend empfohlen. Im Meistergrade, o ihr waret eben Zeugen, welche Empfindungen in dem Herzen eines Bruders erregt werden, und mit welcher Rührung er weggeht, wenn er mit ganzer Seele und mit ganzer Theilnehmung zugegen war. Dieses Bild des Todes, diese lebhafte Versetzung in den Sarg, die ewige Ruhestätte, die Aller wartet, dieser Versuch zum Voraus, wie sichs in dem engen Gehäuse liegen liesse, o meine Brüder! sie machen herrliche Wirkung in dem Gemüthe all derer, die der Pflege der Weisheit fähig sind.« Auch in den Ritualen der Freimaurer und ganz besonders bei der Initiation zum Meistergrad spielt also auch die affektive Beeindruckung des Initianden und vor allem die Begegnung mit dem Tod eine zentrale Rolle.

Es lässt sich nun nachweisen, dass der Neophyt, um dessen Erhebung in den Gesellen- und Meisterstand es bei diesen Logensitzungen ging, kein anderer war als Leopold Mozart, und dass aus diesem Anlass auch Wolfgang Amadeus Mozart bei diesen Sitzungen zugegen war und diese Vorträge gehört hat. Das war eigentümlicherweise bisher nicht bekannt und lässt sich doch vollkommen eindeutig nachweisen. Man muss nur die Protokolle der *Wahren Eintracht* und die Veröffentlichungen im Journal für Freimaurer zusammenbringen. Das Protokoll verzeichnet für die Sitzungen vom 16. und 22. April 1785 sowohl die Verlesung zweier Teile eines Vortrags von Bruder Kreil »über die Frage, ob es eine scientifische Maurerey gebe« als auch die Beförderung des Bruders Leopold Mozart zum Gesellen bzw. zum Meister. Leopold und Wolfgang Amadeus Mozart sind als »besuchende Brüder von der Wohltätigkeit« eingetragen. Mozarts Loge nannte sich *Zur Wohltätigkeit* und war eine Schwesterloge der *Wahren Eintracht*, mit der sie eng zusammenarbeitete. Kreils Vortrag gilt als verschollen. Nun findet sich aber im Journal für Freimaurer Nr. 7, 1785, ein anonym veröffentlichter Aufsatz »Über die wissenschaftliche Maurerey«, den man bisher Ignaz von Born zuschrieb. Der Autor ist aber völlig eindeutig Anton Kreil. Von Kreil stammt die Unterscheidung zwischen wissenschaftlicher und religiöser Freimaurerei. Außerdem vermerkt das Protokoll für keine andere in Frage kommende Sitzung einen thematisch einschlägigen Vortrag. Dazu geht der Aufsatz am Ende explizit auf eine gerade vollzogene Meisterweihe ein.

Wir dürfen uns also fragen, wie wohl diese Darstellung einer unterirdischen Mysterienkultur auf Mozart gewirkt hat. Drei Motive dürften ihn besonders beeindruckt und angeregt haben: zum einen der Schauplatz der Riten in den Substruktionen der Pyramiden, zweitens die außerordentliche Theatralität dieser Mysterien, bei denen Donner und Blitz eingesetzt wurden, um die Novizen emotional zu erschüttern und drittens die Andeutung ihrer fortdauernden, wenn auch verborgenen Lebendigkeit. All das finden wir in der *Zauberflöte* wieder. Aber nicht nur das. Wie wir von Constanze wissen, trug sich Mozart mit dem Gedanken, einen eigenen Geheimbund zu gründen, der den Namen »Die Grotte« tragen sollte. Es gab einen entsprechenden, leider verlorenen Entwurf, den sie an den Verlag Breitkopf und Härtel schickte. Außerdem erwähnt Mozart in Briefen verschiedene Grotten in den Gärten befreundeter Freimaurer, die ihn offenbar besonders faszinierten. Die Anlage von Grotten, unterirdischen Gängen sowie Pyramiden mit Innenräumen, alles offenbar zur Durchführung von Riten bestimmt, ist, wie gesagt, seit 1780 ein typisches Requisit freimaurerischer Landschaftsgärten.

Diese Anlagen sind deutlich darauf hin angelegt, auf den Besucher bzw. den Initianden einen tiefen, geradezu erschütternden Eindruck zu machen und ihm Schauer der Ehrfurcht und des heiligen Schreckens einzuflößen. Durch das zuweilen auch noch von Wasserfällen unheimlich beschallte Dunkel der unterirdischen Gänge sollten sie zum Licht geführt werden, in helle Turmzimmer, offene oder erleuchtete Räume. Diese Anlagen verdanken sich alle dem Gedanken, dass die Mysterien der Isis nicht ganz von der Erde verschwunden sind, und dass man nicht nur

Pyramiden, Obelisken und Sphingen nachbauen, sondern darin auch die Mysterien wieder aufleben lassen kann.

Da mag Mozart der Gedanke gekommen sein, sie auch auf der Opernbühne wieder aufleben zu lassen. Als dann einige Jahre später der mit ihm noch von Salzburg her gut befreundete Schikaneder, auch er ein Freimaurer, mit dem Plan einer Zauberoper nach einem Stoff aus Wielands *Dschinnistan* auf ihn zu kam, erkannte er sofort, wie sich dieser Plan mit seinem mutmaßlichen Projekt einer musikalischen Theatralisierung der ägyptischen Mysterien verbinden ließ.

Die *Zauberflöte* spielt nicht im alten Ägypten, sondern hier und heute, überall und nirgendwo, wo immer der noch nicht erloschene Funke der Mysterien der Isis sich im Medium des Musiktheaters wieder zu einem Feuer anfachen lässt, genauso wie die Freimaurergärten den utopischen Mysterien im Medium der Gartenarchitektur einen Raum und Rahmen geben, in dem sie wieder aufleben können. Nicht das alte Ägypten, sondern die Mysterien der Isis sind die Quelle der Faszination, der sich die *Zauberflöte* verdankt. Diese Mysterien hatten sich schon im Altertum von Ägypten ausgehend über die ganze damalige Welt verbreitet. Ägypten ist also in diesem Zusammenhang keine Sache des Schauplatzes, sondern einer auf beliebige Schauplätze übertragbaren Symbolik.

Im späten 18. Jh. ging man davon aus, auch an das fernste, das altägyptische Altertum noch anknüpfen zu können. Man glaubte Erinnerungen daran in sich zu tragen, die man jederzeit, in den Logen der Freimaurer, in den Pyramiden der damaligen Landschaftsgärten, ja auf der Opernbühne wieder aufleben lassen konnte. Der Historismus des 19. Jahrhunderts machte diesem romantischen und utopischen Geschichtsbewusstsein ein Ende, und seit

Abb. 19: Die drei Pforten, Schaffer 1795

Abb. 20: Die drei Pforten, Schinkel 1816

Beuther und Schinkel verlegte man auch die Handlung der *Zauberflöte* historisierend ins Alte Ägypten. Damit aber wurde der Geist dieser Oper gründlich verfehlt.

Wenn man die Oper im Licht der freimaurerischen Mysterienkonzeption, mit der Mozart durch seine Besuche in der Loge *Zur Wahren Eintracht* in Berührung kam, zu betrachten versucht, tritt ihre mythisch-utopische Zeiträumlichkeit, vor allem aber ihre dramaturgische Einheit hervor. Dieser Punkt ist im 19. Jahrhundert nicht mehr verstanden worden und hat zu Missverständnissen geführt, die bis heute unser Bild dieser Oper verfälschen. Im 19. Jahrhundert glaubte man, Mozart und Schikaneder hätten mitten in der Arbeit, genauer gesagt im Finale des 1. Aufzugs ihre Konzeption des Stückes vollkommen umgeworfen. Dafür berief man sich auf Anekdoten und Legenden, die sich an die *Zauberflöte* wie an keine andere Oper Mozarts geheftet haben und die samt und sonders jeder historischen Grundlage entbehren. Sie sind aber interessant als rezeptionsgeschichtliche Fakten: irgendetwas an dieser Oper hat sie provoziert. Das war die nicht mehr verstandene Ritualstruktur. So brachte man die ersten Bilder der Oper, die im Reich der Königin der Nacht spielen, nicht mit der Fortsetzung im Reich Sarastros zusammen. Anfang und Ende der Handlung schienen nicht zusammenzupassen. Die Oper beginnt wie eine typische Märchenhandlung. Den Helden verschlägt es in eine Welt, in der ein akuter Mangel herrscht. Er beschließt, diesem Mangel abzuhelfen, und wird mit einem Zaubermittel ausgestattet, das ihm dabei helfen soll. Der Mangel besteht in der Entführung der Entführung der Pamina, der einzigen Tochter der Königin. Er liebt sie und wird sie im Falle seines Sieges über den »Bösewicht«, der sie entführt hat, zur Frau gewinnen. Die Fortsetzung zeichnet klar ab:

er wird in das Reich des Sarastro ziehen, verschiedene Abenteuer bestehen, zuletzt Sarastro besiegen und Pamina zurückerobern, um mit Pamina den Thron im Reich der Königin der Nacht zu besteigen. Bis gegen Ende des ersten Aufzugs weist nichts darauf hin, dass es so ganz anders kommen wird. Tamino und die Zuschauer sind fest im Banne der Deutung, die die Königin und ihre drei Damen der Situation gegeben haben. Dann aber erweist sich mit dem Übergang der Handlung in Sarastros Reich, dass der eigentliche Mangel in etwas ganz anderem als der Entführung der Pamina besteht. Er besteht zum einen in dem alarmierenden Informationsdefizit des Tamino, der aufgeklärt, gereinigt und erleuchtet werden muss, und zum anderen, auf einer viel allgemeineren Ebene, in einer vom Aberglauben beherrschten Welt, die sich aber bald, bald in ein Himmelreich auf Erden verwandeln soll. Im 19. Jh. glaubte man, Mozart und Schikaneder hätten die Handlung nach Ägypten und ins Mysterium umgelenkt, um nicht mit einer Parallelaktion[88] in Konkurrenz zu geraten, die auf der gleichen Vorlage aus Wielands Dschinnistan beruhte. Heute gehen die einen davon aus, Mozart habe im Fortgang der Arbeit immer stärkeren Anteil an der Handlung genommen und ihre entsprechende Wende erzwungen, während die anderen diese Wende als solche herunter spielen und entweder die Königin der Nacht schon in den ersten Bildern zur Vertreterin des Bösen machen oder Sarastros Güte im zweiten Teil in Zweifel ziehen. Oder man nimmt die Diskrepanz hin und meint, gerade darin läge das Geheimnis der Oper, ihre ästhetische Komplexität und ihre Macht, jedes Publikum, Kinder und Erwachsene, Ungebildete und Gebildete, in Bann zu schlagen.

Was dieser »Bruch«, dieser unvermittelte Umschlag vom Märchen zum Mysterium, zu bedeuten hat, versteht man erst, wenn man die Oper im Licht der zeitgenössischen Mysterientheorie betrachtet. Hier geht es um die Konversion des Initianden, in die der Zuschauer mit hineingezogen wird, weil er zum Teilnehmer und nicht nur zum Beobachter des Rituals wird. Hier wird nicht nur eine Oper aufgeführt, hier werden die Mysterien der Isis vollzogen, und zwar nicht erst im zweiten Teil, nachdem sich die Handlung in ein scheinbares Ägypten verlagert hat, sondern vom ersten Ton, von den geheimnisvollen fünf Akkordschlägen an, mit denen die Ouvertüre anhebt. Damit sollte dem Zuschauer schon klar sein, dass ihn kein Zaubermärchen erwartet, auch wenn dann die ersten Bilder alles tun, ihn darauf hereinfallen zu lassen, aber nur, damit er dann im Folgenden nur umso radikaler eines Besseren belehrt werden kann. Die Oper hat die Struktur eines Stundenglases: sie baut zu Anfang etwas auf, was sie dann im zweiten Teil auf den Kopf stellt. Die Engführung dieses Stundenglases, wo sich die Dinge umkehren, liegt in der »Sprecherszene«, im 15. Auftritt des ersten Aktes. Es geht also nicht nur wie in Corneilles *Cinna* oder in dem Film *A Beautiful Mind* um den dramatischen Aufbau von kognitiver Dissonanz, dass man die Dinge erst mit den Augen der einen, dann mit denen der anderen Partei sieht, sondern vor allem um den inneren Vorgang der Konversion, der Desillusionierung des Neophyten, der von seinen Vorurteilen, Leidenschaften und Illusionen befreit bzw. »gereinigt« wird. In den ersten Bildern baut sich die Illusion auf, die im weiteren Verlauf der Oper zerstört wird, um der Wahrheit zu weichen. Das Besondere dieses dramaturgischen Kunstgriffs besteht darin, dass sich die Illusion auch im Zuschauer aufbaut. Auf diese Weise wird er unwiderstehlich in das Einweihungsgeschehen hineingezogen und gewissermaßen selbst zum Neophyten. Auf der Bühne vollzieht sich »in Echtzeit« ein Ritual, an dem der Zuschauer als Betroffener teilnimmt und das ihn im Innersten affiziert. Diesem Kontrast von ›Illusionierung‹ und Desillusionierung zuliebe haben Mozart und Schikaneder die Welt der Königin der Nacht zunächst im positiven Sinne überzeichnet und daher einige Widersprüche bewusst in Kauf genommen.

Interessant ist nun, dass sich der Vorgang des Umdenkens oder der Konversion bei den Protagonisten ungleichzeitig abspielt. Tamino macht den Anfang, er erweist sich schon bei der ersten Prüfung als vollständig aufgeklärt. Diese besteht in dem Auftritt der drei Damen, die Tamino und Papageno vor den bösen Absichten der Priester warnen wollen. Vorher hatten die beiden Priester, die als Mystagogen fungieren, den beiden Neophyten in einem Duett eingeschärft, sich vor Weibertücken zu bewahren. Dieses Duett hört man auch anders im Licht der Mysterientheorie. Es entspricht einem orphischen Hymnus, den schon Warburton als Rede des Hierophanten an die Neophyten gedeutet hat. Dort heißt es in einer Übersetzung des 18. Jhs.:

> Hütet euch vor Vorurteilen und Leidenschaften, welche euch von dem rechten Wege der Glückseligkeit entfernen werden.[89]

Da die *Zauberflöte* diese »Vorurteile«, die sich in der Mysterientheorie auf die illusionären Gottesvorstellungen der Volksreligion beziehen, durch die Königin der Nacht und ihre Sphäre repräsentiert, werden sie hier als »Weibertücken« dargestellt.[90]

Während Tamino diese Prüfung glänzend besteht, macht Papageno hier eine eher klägliche Figur. Er wird die geforderte Konversion bis zum Schluss nicht durchmachen, sondern bleibt immer derselbe. Er hält die exoterische Perspektive der Volksreligion auch im Bereich des Geheimnisses durch und sorgt dadurch für komische Kontraste zwischen innen und außen. Es gehört nicht zu den geringsten Wundern dieser Opernhandlung, dass es ihr gelingt, ein auch die Zuschauer verwandelndes Ritual auf die Bühne zu bringen und zugleich den Mysterienernst dieses Rituals durchgängig in Gestalt des Papageno zu ironisieren und zu parodieren, ohne dass Ernst und Wirkung der Mysterien im Geringsten beeinträchtigt werden. Durch die Einbeziehung der »lustigen Figur« aus der Tradition des Wiener Volkstheaters gewinnt das Freimaurerritual die Dimensionen des barocken Welttheaters.

Papageno bleibt also bis zum Schluss der Profane, als der er in das Ritual hineingeraten ist. Wie steht es aber mit Pamina? Sie wird sich auch am Ende zu der neuen Wirklichkeit durchringen, aber dafür braucht sie viel mehr Zeit als Tamino. In der Szene ihrer Begegnung mit Tamino, in der er nicht mir ihr sprechen darf und die für ihn seine zweite Prüfung darstellt, kommt es daher zu einer tragischen Konfrontation.

Um diese Szene zu würdigen, müssen wir auf Schikaneders Verwandlungstechnik eingehen. Man kann zwei Formen von Bühnen-Verwandlungen unterscheiden. Die einen vollziehen sich mehr oder weniger allmählich vor den Augen des Zuschauers, z.B. die Erscheinung der Königin der Nacht im ersten Aufzug, wenn die Berge sich teilen und den Blick auf ihren Thron freigeben, oder die Verwandlung des Theaters in eine Sonne, wenn am Schluss der Oper sich der Blick »ins Heiligtum des größten Lichtes« öffnet; die übrigen vollziehen sich, den Augen des Zuschauers entzogen, plötzlich und versetzen ihn an einen anderen Schauplatz.

Dieser zweite Verwandlungstypus scheint auf die Schnitttechnik des modernen Films voraus zu weisen. In ihrem plötzlichen Wechsel von der einen zur anderen Handlungsebene vermitteln diese Verwandlungen den Eindruck der Gleichzeitigkeit.

1	2	3	4	5	6
Pamina in der Hand des Monostatos, flieht mit Papageno	Erste Begegnung	Tamino Im Prüfungstempel	Zweite Begegnung: Taminos Schweigen	Pamina An der Schwelle des Selbstmords	Die letzte Begegnung
Tamino, von den drei Knaben geleitet, betritt den Tempelbezirk	und sofortige Trennung	Pamina in der Gartenlaube	Zweite Trennung und »letztes Lebewohl«	Tamino vor den »Schreckenspforten«	Und endgültige Vereinigung

Wir müssen uns vorstellen, dass die Szenen in den Spalten 1, 3 und 5 gleichzeitig ablaufen. Diese Szenen folgen den Liebenden in ihren jeweiligen Prüfungssituationen, in denen sie voneinander getrennt sind. Ihnen folgt jeweils eine Szene des Wiederfindens und der erneuten Trennung. Das ist die Struktur des antiken Liebesromans, die hier äußerst geschickt mit der Ritualstruktur der Einweihung verknüpft ist.

Während Pamina in ihrem »ägyptischen Zimmer« von Monostatos eingesperrt und von Papageno befreit wird, wird Tamino von den drei Knaben in den Tempelgarten geführt und begegnet dem alten Priester. Während Tamino und Papageno im Prüfungstempel die ersten Stationen ihres Prüfungswegs beschreiten, schläft Pamina in ihrer Blumenlaube und empfängt den Besuch des Monostatos, dann ihrer Mutter, zuletzt Sarastros. Während Pamina von den Knaben vor dem Selbstmord bewahrt wird, gelangt Tamino vor die »Schreckenspforten« seiner letzten Prüfung. Während Pamina und Tamino durch Feuer und Wasser wandeln, will einerseits Papageno sich aufhängen und erhält mit Hilfe der drei Knaben endlich seine Papagena, und versucht andererseits die Königin der Nacht mit ihrem Damengefolge und ihrem neuen Verbündeten Monostatos Sarastros Herrschaft umzustürzen. Hier vollziehen sich die gleichzeitigen Vorgänge also gleich auf drei verschiedenen Handlungsebenen, eine deutliche Steigerung, ein schwindelerregendes Accelerando der Verwandlung, eine Art Show-down zum triumphalen Ende hin. Diese »Schnitte« sind allesamt hart und extrem kontrastiv. Zwischen Paminas »ägyptischem Zimmer« und dem Tempelgarten, zwischen dem ruinösen Tempelvorhof und Paminas Blumenlaube, zwischen dem Garten, in dem sie und später Papageno sich das Leben nehmen wollen, und den »großen Bergen« mit Feuer und Wasser, die Tamino mit dem Tod bedrohen, liegen Welten, visuell und emotional. Goethe hatte dafür Sinn und lobte die »starken Kontraste«. Die Oper ruft geradezu nach filmischer Umsetzung; auch deswegen ist der bekannte Film von Ingmar Bergman (1974) so überaus gelungen. Aber gerade Bergman sah sich gezwungen, die starken Kontraste und vor allem den Rhythmus der Verwandlungen durch Umstellung einiger Szenen im zweiten Akt abzumildern.

Interessant ist auch, wie Schikaneder solche Aufspaltung der Handlungsstränge anschließend wieder zusammenführt. Solche Verknüpfungen ergeben nur Sinn, wenn man die vorhergehenden Sequenzen als gleichzeitig ablaufend versteht. In allen Fällen mündet die Aufspaltung in simultane Handlungsebenen in dramatischen Vereinigungen der Liebenden. Sie hat also die Funktion, Trennung und Vereinigung zu visualisieren. Pamina bringt das Prinzip auf den Punkt: *zwei Herzen, die von Liebe brennen, kann Menschenohnmacht niemals trennen*. Dieses Prinzip entspricht der plot-Struktur des antiken Liebesromans wie

Amor und Psyche, Daphnis und Chloe und *Theagenes und Chariklea*. Hier finden sich nicht am Ende zwei Menschen, die füreinander bestimmt sind, sondern hier kommen am Ende endlich zwei Menschen zusammen, die sich längst gefunden haben, aber durch den Neid oder Zorn der Götter oder sonstige widrigen Umstände die Prüfung der Trennung durchmachen müssen, bevor sie sich endgültig in Liebe vereinigen dürfen. Wie Karl Kerényi und Reinhold Merkelbach gezeigt haben, könnte auch diesen Romanen die Erfahrung der Mysterienweihe zugrunde liegen, könnten auch sie ein geheimnisvolles und unter strengster Arcandisziplin stehendes Ritual in die öffentliche, exoterische Gestalt des Kunstwerks transformieren. Das ist auch in der *Zauberflöte* die ästhetische Idee, in deren Dienst Schikaneder seine vielbewunderte Verwandlungs- oder »Schnitt-«Technik stellt, für die sein Theater berühmt war.

Um nun zur Szene der zweiten Prüfung zurückzukommen, ergibt sich aus diesem Verständnis, dass Pamina, als sie bei Tamino auftaucht, gerade die traumatische Begegnung mit ihrer Mutter, den Erpressungsversuch von Monostatos und die Hallenarie Sarastros hinter sich hat, der ihr mit seinem Eingreifen im letzten Augenblick das Leben rettete. Sie flüchtet sich also zu Tamino im Zustand äußerster Angst, Verzweiflung und Desorientierung. Was sie jetzt nötiger als alles andere braucht, ist Trost, Zuspruch, Zuwendung. Tamino ist ihre einzige Hoffnung, ihr einziger Lebenssinn. Aber er schweigt, winkt ihr, sich zu entfernen, verweigert jede Erklärung seines unbegreiflichen Betragens. »O, das ist mehr als Kränkung, mehr als Tod! Liebster, einziger Tamino!« Pamina kann sich Taminos Schweigen nur als ein Zeichen seiner erkalteten Liebe erklären. Die g-Moll-Arie, die sie nun anstimmt, bietet alle Mittel affektiver Erschütterung auf, die Mozart in dieser Hinsicht zur Verfügung standen, und welche standen ihm nicht zur Verfügung? Angesichts dieser verzweifelten Wehklage stumm zu bleiben, fordert Tamino ein Maß an Selbstüberwindung ab, wie es Orpheus in vergleichbarer Situation nicht aufgebracht hatte. Diese Szene erfüllt in der Oper die Funktion der emotionalen Erschütterung der Initianden, zu denen wir auch die Zuhörer zu rechnen haben. Die Oper spart zwar auch nicht mit Donner und Blitz, Fasten, Finsternis und sonstigen Schreckensszenarien, aber diese Szene bildet *in puncto* emotionaler Intensität den Höhepunkt.

Der Orpheus-Mythos ist ein durchgängiger Subtext der *Zauberflöte*. Auch in ihm geht es um die verwandelnde Kraft der Musik, die todüberwindende Kraft der Liebe und den Initiationsritus der Unterweltfahrt. Orpheus ist *der* Heros der Mysterien, der sie aus Ägypten nach Griechenland gebracht haben soll. Sein Mythos steht aber nicht von ungefähr auch am Anfang der Operngeschichte; es ist der Mythos der Musik und seine Dramatisierung durch Claudio Monteverdi und Alessandro Striggio bildet gewissermaßen die »Urszene« des Musikdramas. An diese Urszene knüpft die *Zauberflöte* an. Auch sie entfaltet den Mythos von der verwandelnden Kraft der Musik. Auch Tamino bezaubert als ein neuer Orpheus mit seiner Musik die wilden Tiere und bezwingt die Schrecken der Unterwelt. In der entscheidenden Szene aber, in der Orpheus scheitert, beweist er Besonnenheit. Während Orpheus Eurydike sprechen, aber sie nicht ansehen darf, darf Tamino Pamina sehen, aber nicht sie sprechen. Diese Szene ist der Form nachgebildet, die Gluck und Calzabigi in der Oper *Orfeo ed Euridice* dem Mythos gegeben haben. Auch hier deutet Euridice die Tatsache, dass Orfeo sich nicht nach ihr umsieht, als ein Zeichen erkalteter Liebe und will, genau wie Pamina, den Tod vorziehen. Tamino gelingt es jedoch, anders als Orpheus, sich in dieser Situation zu bezwingen und stumm zu bleiben.

Sowohl diese Szene als auch das bald darauf folgende Terzett von Pamina, Tamino und Sarastro mit dem »letzten Lebewohl« versteht man nur, wenn man sich klar macht, dass Pamina noch in ihrer alten Wirklichkeitskonstruktion befangen ist und Taminos Konversion noch nicht durchgemacht hat. Die Dramatik dieser Szenen beruht auf der kognitiven Dissonanz zwischen den beiden Liebenden. Tamino wird bedeckten Hauptes hereingeführt. Sarastro begrüßt ihn: »Prinz, dein Betragen war bisher männlich und gelassen; nun hast du noch zwei gefährliche Wege zu wandern.« Damit sind nicht zwei Prüfungen, sondern die letzte Prüfung mit dem Weg durch Wasser und Feuer gemeint. Dann wird Pamina hereingeführt und gleichfalls mit einem Sack bedeckt. Für alles weitere ist es wichtig, sich bewusst zu halten, dass die beiden Liebenden sich in dieser Szene nicht sehen können. Ihre erste Frage gilt Tamino: »Wo ist mein Jüngling?« »Er wartet deiner, um dir das letzte Lebewohl zu sagen.« Sie weiß nicht, dass er vor ihr steht. Für sie ist Sarastro noch immer undurchsichtig, den Priestern traut sie nicht, die Prüfungen hält sie für ein böses Komplott. Die Wendung »das letzte Lebewohl« kann sie nicht anders denn als eine finstere Drohung verstehen.

Dieses Terzett stellt in den Augen der meisten Interpreten der *Zauberflöte* ein schweres dramaturgisches Problem dar. Warum spricht Pamina ihren Tamino nicht auf sein ihr so unverständliches, sie so tief kränkendes Schweigen an, warum versucht sie nach dieser doch im Ganzen scheinbar tröstlichen Begegnung sich trotzdem das Leben zu nehmen, was soll überhaupt dieses Lebewohl mitten in der Sequenz der Prüfungen? Dieser scheinbaren Unlogik versuchen viele Aufführungen durch Umstellung zu entgehen. Wir müssen also fragen, warum Mozart und Schikaneder das Terzett dort, wo es steht, eingefügt haben, was also seine dramaturgische Funktion ist. Sie ergibt sich aus der bisher nicht erkannten Ritualstruktur der Handlung. Mozart und Schikaneder kommt es darauf an, die ersten beiden Prüfungen, bei denen Papageno noch dabei ist, und die letzte Prüfung, zu der Tamino nur allein, und dann auf eine das Ritual revolutionierende und die Priester selbst überraschende Weise zusammen mit Pamina zugelassen ist, durch eine starke Zäsur von einander abzusetzen. In der Mysterientheorie entspricht diese Zäsur der Unterscheidung zwischen den Kleinen und den Großen Mysterien. Die Großen Mysterien weihen den von seinen Vorurteilen und Leidenschaften gereinigten Mysten zum Epopten, zum Erleuchteten (»erleuchtet wird er dann im Stande sein, sich den Mysterien der Isis ganz zu weihn«) und werden nur denen zuteil, die zum Herrscheramt berufen sind. Das Terzett markiert die Zäsur, dadurch, dass nun auch Pamina den Schleier der Initianden erhält, wird das Geschehen deutlich auf eine neue Stufe gehoben. Papageno scheidet aus, bei keiner der folgenden Prüfungen ist er mehr dabei, er bekommt kurz vor Schluss noch einmal seinen Auftritt und seine Papagena, aber aus dem Ritualgeschehen ist er ausgeschieden.

Während Tamino, nun ohne Papageno, auf diesem Weg weiterschreitet, versucht die verzweifelte Pamina, sich das Leben zu nehmen, und ringt sich dann ihrerseits mit Hilfe der drei Knaben, die nichts verraten, aber wenigstens etwas zeigen dürfen, zur Wahrheit durch. Nun kommt es, nach der dritten Trennung, zur endgültigen Vereinigung. Pamina vereinigt sich mit Tamino zur letzten lebensgefährlichen Prüfung, ja mehr noch: sie nimmt ihn bei der Hand und übernimmt die Führung. Die *Zauberflöte* bringt nicht nur ein Ritual auf die Bühne, sondern revolutioniert es auch noch im Laufe seines Vollzugs.

Die Mysterienkonzeption der Freimaurer prägt sich also sehr deutlich im Aufbau der Oper aus. Das Ritual der Einweihung in die Mysterien, wie es sich aus der antagonistischen Konzeption der doppelten Religion ergab, sieht drei Stufen vor, deren Reihenfolge in den einzelnen Rekonstruktionen schwankt. Die eine Stufe bestand in der Befreiung des Neophyten von den Vorurteilen und Irrlehren der Volksreligion, also in Aufklärung im eigentlichsten Sinne. Die andere Stufe bestand in Prüfungen, die den Novizen schwersten emotionalen Erschütterungen aussetzen und geradezu bis an den Rand einer Todeserfahrung führen mussten, um seine Seele zum Empfang der Wahrheit vorzubereiten, die als letzte Stufe an die Stelle der Irrtümer treten sollte. Bei Warburton stehen die Reinigungen, Prüfungen und Belehrungen am Anfang und bilden die »Kleinen Mysterien«, während die Desillusionierung des Neophyten am Anfang der Großen Mysterien steht. In der *Zauberflöte* dagegen gehört die Desillusionierung, die Befreiung Taminos von den falschen Vorstellungen, die ihm die Königin der Nacht eingeflößt hat, zu den allerersten, den Prüfungen der kleinen Mysterien noch vorausgehenden Reinigungen. Die dritte und letzte Stufe, die nur den allerstärksten und reifsten, zur Ausübung des Herrscheramts bestimmten Naturen vorbehalten war, bestand dann in der Schau der entschleierten Wahrheit oder, wie es in der *Zauberflöte* heißt, dem Blick ins Heiligtum des größten Lichts.

Die Gliederung der *Zauberflöte* in vier Teile spiegelt diese Konzeption des Einweihungsrituals genau wieder.

Diese Gliederung ist auch musikalisch sowohl durch die Unterscheidung von Nummernfolge mit gesprochenen Dialogen einerseits und ungefähr gleich langen, durchkomponierten Finali ohne gesprochene Dialoge andererseits, sowie auch durch die Tonartenverteilung deutlich angezeigt. Die Teile enden immer in derselben Tonart, in der sie beginnen, also Es-Dur (1. Teil), C-Dur (2. Teil), F-Dur (3. Teil) und wieder Es-Dur (4. Teil).

Akt	Teil		Tonart
I	1	Ouvertüre und Nummern 1 (»Introduction«) bis 7 (Duetto »Bei Männern«):	Es Dur
	2	Nummer 8: 1. Finale:	C Dur
II	3	Nummern 9 (Marcia) – 20 (Aria »Ein Mädchen«)	F Dur
	4	Nummer 21: 2· Finale:	Es Dur

Jeder dieser vier Teile bildet einen Abschnitt des Prüfungsweges »durch Nacht zum Licht«, den in dieser Oper zusammen mit Tamino, Pamina und Papageno auch das Publikum durchschreiten soll. Die Oper ist nichts anderes als eine ästhetische Performanz der freimaurerischen Mysterienkonzeption, die Umsetzung dieser Konzeption in ein musiktheatralisches Kunstwerk.

Im Licht der freimaurerischen Konzeptionalisierung der antiken Mysterien stellt sich daher die Gliederung inhaltlich folgendermaßen dar:

Die Welt der Königin der Nacht: die »Illusionierung« des Helden (Tamino) und mit ihm des Publikums.
Im Tempelbezirk: die »Desillusionierung« des Helden; er wird als »Suchender« zu den Prüfungen zugelassen.
Im Prüfungstempel: die beiden Schweigeprüfungen, zu denen auch Papageno (der dabei kläglich versagt) zugelassen ist =

die »Kleinen Mysterien« nach der freimaurerischen Mysterienkonzeption

Die »Großen Mysterien«: die Konfrontation mit dem Tod, in Form des Gangs durch die Elemente (Tamino, Pamina) sowie durch versuchten Selbstmord (Pamina, Papageno), und der endliche Blick ins »Heiligtum des größten Lichts«, die Schau der Wahrheit.

In der Oper vertritt der erste Teil, die Welt der Königin der Nacht, die »Illusionierung«. Hier werden dem Helden und mit ihm dem Publikum die falschen Vorstellungen vermittelt, von denen er und es sich im Verlauf der Einweihung befreien müssen. Die Königin der Nacht erscheint ihm und uns als eine gütige Fee wenn nicht gar als Isis, die Himmelskönigin, selbst und ihre Darstellung des »Bösewichts« Sarastro und der verbrecherischen Entführung ihrer Tochter als die lautere Wahrheit. Diese Perspektive wird so weit durchgeführt und mit dem letzten Bild dieses Abschnitts, in dem wir die von Monostatos bedrohte Pamina erblicken, so stark bestätigt, dass sich im Zuschauer sehr präzise Erwartungen über den weiteren Fortgang der Handlung bilden. Diese werden dann im zweiten und dritten Teil gründlich enttäuscht werden. Wir müssen genau so umdenken wie Tamino und einen entsprechenden Perspektivenwechsel durchmachen.

Der zweite Teil zeigt in der Sprecherszene die Desillusionierung des Helden. Tamino sieht ein, dass er die Vorstellungen aufgeben muss, die ihm die Königin der Nacht von Sarastro eingeflößt hat, und dass er, um Pamina zu erringen, den Weg der Einweihung betreten muss. Pamina braucht sehr viel länger, um sich zu dieser Sicht der Dinge zu bekehren; so wird auch das Publikum lange in der Schwebe gehalten.

Der dritte Teil ist den »Kleinen Mysterien« gewidmet, zu denen auch Papageno zugelassen ist. Sie bestehen in Schweigeprüfungen. In der ersten Prüfung müssen die Prüflinge gegenüber den Einflüsterungen der drei Damen schweigen, die sie zu ihrer ursprünglichen Sicht rekonvertieren und vom Pfad der Einweihung bzw. der Tugend abbringen wollen. In der zweiten Prüfung geht es um Schweigen gegenüber der Geliebten.

Den »Großen Mysterien« ist der vierte und letzte Teil gewidmet. Nach der Mysterientheorie konfrontieren die Großen Mysterien den Neophyten mit den »Schrecken des Todes«, denen er standhalten können muss, um seine Seele zum Empfang der Wahrheit bzw. dem Blick ins Heiligtum des Größten Lichts vorzubereiten. Das geschieht bei dem Gang durch Feuer und Wasser, zu dem sich gegen jede Regel und Erwartung Tamino und Pamina vereinigen. Für den Gesang der Geharnischten, die Tamino die Inschrift über den Schreckenspforten vorlesen, verwendet Mozart einen lutherischen Choral und behandelt ihn im reinsten Stil Johann Sebastian Bachs als Cantus firmus über einer fugierten Begleitung, um durch die Verwendung einer musikalischen »Fremdsprache« die Fremdsprachlichkeit der hieroglyphischen Inschrift auszudrücken.

Damit ist aber nur der eine Handlungsstrang erfasst; die Opernhandlung entwickelt sich aber in der Verflechtung von zwei Handlungssträngen: dem Initiationsweg des Tamino und dem Schicksal der beiden Liebenden bzw. von Bildungsroman und Liebesroman. Das Orpheus-Thema gehört in den Zusammenhang des Liebesromans, der dadurch die Themen »Musik« und »Liebe« verknüpft – zwei Themen, die für die Oper zentral sind und in der Mysterienkonzeption keine Rolle spielen:

Aufzug	Teil	Ritualstruktur	Liebesroman
I	1	Taminos »Illusionierung«	›Amour naissant‹: die Entstehung der Liebe durch den Anblick eines Bildes
	2	Taminos Desillusionierung	Erste Begegnung und Trennung der Liebenden
II	3	Die Kleinen Mysterien	Zweite Begegnung: Orpheus-Tamino widersteht, Pamina-Eurydike verzweifelt; Zweite Trennung
	4	Die Großen Mysterien	Dritte Begegnung und endgültige Vereinigung

Während der *Zauberflöte* das Initiationsritual der Mysterien als ein Prüfungsweg über mehrere Stufen zugrundeliegt, geht es in Schillers vier Jahre später veröffentlichten Ballade *Das verschleierte Bild zu Sais* nur um die letzte Stufe: die Schau oder Epoptie. Schiller war am alten Ägypten gewiss nicht besonders interessiert. In keinem seiner anderen Texte spielt Ägypten eine Rolle. Was ihn an diesem Stoff interessierte, waren allein die Mysterien der Isis, oder vielmehr die Vorstellung, die sich die Freimaurer von ihnen erarbeitet und in ihren Schriften verbreitet haben.

Der Zufall will es, dass Schiller die Anregung zu diesem Stoff genau derselben Quelle verdankt, aus der auch Mozart für seine *Zauberflöte* geschöpft hat: der Mysterienforschung der Wiener Loge *Zur Wahren Eintracht*. Einer der originellsten und produktivsten Mitarbeiter dieses großangelegten Projekts war der junge Philosoph Carl Leonhard Reinhold, der aber schon ein Jahr vor Mozarts Eintritt, mit Empfehlungsschreiben ausgestattet, von Wien nach Weimar und zu Wieland gegangen war, um alsbald dessen Schwiegersohn und wenig später Professor in Jena zu werden. Bei Wieland lernte Reinhold Schiller kennen, den er alsbald als Professor nach Jena holte und mit seinem Mysterienfieber ansteckte. Zeugnis davon gibt zunächst Schillers Essay *Die Sendung Moses*,[91] der auf Reinholds zu einem Buch ausgearbeiteten Logenvorträgen über die Mysterien der Hebräer beruht, und fünf Jahre später die Ballade über das *Verschleierte Bild zu Sais*.

Auf Schiller musste die freimaurerische Mysterienkonzeption tiefen Eindruck machen, weil sie so gut zu seiner Theorie des Erhabenen passte, mit der er in jenen Jahren umging und die er in drei Schriften, dem 1793 publizierten Essay *Vom Erhabenen*, den 1793–94 erschienenen *Briefen über die ästhetische Erziehung* und dem später erschienenen Aufsatz *Über das Erhabene* darlegte. Aristoteles' Unterscheidung von *pathein* und *mathein* entspricht genau der schillerschen Unterscheidung zwischen dem praktisch und dem theoretisch Erhabenen. In diese Begrifflichkeit übersetzte Schiller Kants Unterscheidung des dynamisch und mathematisch Erhabenen. Das praktisch Erhabene versetzt uns in Furcht und fordert unseren Selbsterhaltungstrieb heraus, das theoretisch Erhabene übersteigt unser Denken und fordert unseren Vorstellungstrieb heraus. Die Mysterien nun, in denen es um *pathein* und *mathein*, um Herausforderungen des Selbsterhaltungstriebes bis zur Schwelle des Todes und um Herausforderungen des Vorstellungstriebes bis zur Konfrontation mit dem Unvorstellbaren ging, ließen sich als eine ästhetische Inszenierung des Erhabenen verstehen. Anders gesagt: im Licht des Erhabenen zeigten sich die Mysterien, zeigte sich die altägyptische Kultur überhaupt als eine ästhetische Idee.

Der Stoff spielt im alten Ägypten. Es geht um Mysterien, Einweihung, Erkenntnis. Ein Jüngling, vermutlich ein

Grieche, ist nach Sais gereist, um sich in die »Geheime Weisheit« der ägyptischen Priester einweihen zu lassen. Er bringt es soweit, bis zu dem Bild der Wahrheit zugelassen zu werden, dessen Schleier, wie die Inschrift verkündet, keinem Sterblichen zu lüften erlaubt ist.

Dieses Verbot kann er nicht begreifen. Es ist ihm unfasslich, dass die Priester nicht längst den leichten Schleier aufgedeckt haben, der die Wahrheit verhüllt. Zumal das Schicksal, das den Ungehorsamen erwartet, in nichts anderem als in der Erfüllung seines leidenschaftlichen Verlangens besteht. Denn was geschieht mit ihm? »Der – spricht die Gottheit – ›Nun?‹ – der s i e h t die Wahrheit«. »Ein seltsamer Orakelspruch«, antwortet der Jüngling. »Du selbst – sagt er zum Priester – du hättest also niemals ihn gehoben?«

»Ich? Wahrlich nicht! Und war auch nie dazu
versucht.« – Das faß ich nicht. Wenn von der Wahrheit
Nur diese dünne Scheidewand mich trennte –
»Und ein Gesetz, fällt ihm sein Führer ein,
Gewichtiger, mein Sohn, als du es meinst,
Ist dieser dünne Flor – für deine Hand
zwar leicht, doch zentnerschwer für dein Gewissen«.

Der Priester spricht von Gesetz und Gewissen. Er ist an ein uraltes Herkommen gebunden, das seine Neugier und Schaulust in Schach hält. Der Jüngling dagegen will die Wahrheit

… schauen.
Schauen! Gellt ihm ein langes Echo spottend nach.

In der Nacht schleicht sich der Jüngling dann in den Tempel und wird am Morgen von dem Priester ohnmächtig vor dem entschleierten Bilde aufgefunden. »Auf ewig war seines Lebens Heiterkeit dahin.« Schiller verrät uns nicht, was der Jüngling geschaut hat, auf jeden Fall hat er diesen Anblick nicht ertragen und ist in tiefe Depression verfallen. Der Fehler des Jünglings, der von »des Wissens heißem Durst« getrieben nach Sais eilt, liegt darin, dass er die Stufen der Einweihung überspringt.

Er will sich sofort der letzten Schau aussetzen ohne zu ahnen, dass sie nur für den Vorbereiteten, Auserwählten, den Anblick der Wahrheit und den Blick ins Heiligtum des größten Lichts bedeutet, für den Unvorbereiteten aber durch die plötzliche Zerstörung aller lebensdienlichen Illusionen die Konfrontation mit dem Nichts, dem Abgrund, bedeuten muss. Das Erhabene ereignet sich nur in der Konfrontation zwischen dem Furchtbaren und der standhaltenden Seele. Es ereignet sich nicht im schieren Grauen, dem nichts standhält, und ebenso wenig in der von starken Gewissheiten, etwa der Unsterblichkeit, getragenen Seele, die das Grauen gar nicht verspürt. Was der noch nicht desillusionierte bzw. aufgeklärte, noch nicht in jahrelangem Lernen und Leiden vorbereitete und erprobte Jüngling erblickt, ist eine Wahrheit, der sein Geist nicht standzuhalten vermag, weil er sie nur als Nichts, als Abgrund der Negation, als schiere und unvorstellbare Sinnlosigkeit erlebt.

Das Erhabene an der verschleierten Göttin war ihre Namenlosigkeit. Sie sagt ja nicht »Ich bin Isis«, sondern: »Ich bin alles, was da war, ist und sein wird.« Sie entzieht ihren Namen, genau wie jener Gott, der sich offenbart als »Ich bin der ich bin«. Der junge Philosoph und Illuminat Carl Leonhard Reinhold, auf den Schiller sich stützte, hat in seinem Buch über die hebräischen Mysterien in der Tat genau diese Parallele gezogen. Für ihn, der die Bibel in der griechischen Fassung der Septuaginta las, wo es an der entsprechenden Stelle heißt *egō eimi ho ōn* »Ich bin der Seiende« oder, in Reinholds Übersetzung, »Ich bin das wesentliche Daseyn«, läuft Jahwehs Aussage in Ex. 3,14 auf genau dasselbe hinaus wie die Inschrift auf dem verschleierten Bild.

Diese Namenlosigkeit brachte Schiller mit dem Begriff des Erhabenen in Verbindung. »Nichts ist erhabener«, schreibt Schiller, »als die einfache Größe, mit der sie von dem Weltschöpfer sprachen. Um ihn auf eine recht entscheidende Art auszuzeichnen, gaben sie ihm gar keinen Namen«[92]. Schiller und Reinhold zitieren eine Passage aus dem Corpus Hermeticum, die Laktanz überliefert hat:

> Er (Trismegistus) schrieb Bücher – viele, in der Tat, die sich auf das Wissen der göttlichen Dinge beziehen – in denen er für die Majestät des Höchsten und Einzigen Gottes eintritt, und er nennt ihn mit denselben Namen, die auch wir verwenden: Herr und Vater. Damit nicht einer seinen Namen erfrage, sagt er, daß er namenlos ist, da er der besonderen Bezeichnung durch einen Namen nicht bedarf, weil er nur Einer ist, gewissermaßen. Das sind seine Worte: »Gott ist Einer; der Eine aber braucht keinen Namen; er ist der namenlose Seiende«. (*ho de theos heis; ho de heis onomatos ou prodeitai; esti gar ho on anonymos*) Daher hat Gott keinen Namen, weil er der Einzige ist und weil es keine Notwendigkeit für eine besondere Bezeichnung gibt außer wenn im Fall einer Vielheit eine Distinktion gemacht werden muß um ein jedes Individuum durch seine spezifische Kennzeichnung und Benennung zu bezeichnen. Für Gott aber, weil er immer der Eine ist, ist Gott die rechte Bezeichnung.[93]

Diese Stelle steht im § 20 des lateinisch überlieferten Traktats Asclepius und lautet in moderner Übersetzung: »Der Schöpfer ist namenlos oder trägt jeden Namen, weil er ja einer und alles ist, so dass man entweder alles mit seinem Namen oder ihn selbst mit den Namen von allem benennen muss.« Korrekter als Laktanz zitiert Nikolaus von Kues diesen Satz des Hermes Trismegistos. Da der Gedanke der Namenlosigkeit Gottes für Reinhold und Schiller so bedeutsam ist, lohnt es sich, auch auf diesen

Text aus dem 15. Jahrhundert einen Blick zu werfen. In *De Docta Ignorantia* heißt es:

> Es ist ja einleuchtend, daß kein Name eigentlich dem Größten angemessen sein kann, da es das schlechthin Größte ist, zu dem nichts in Gegensatz tritt. Alle Namen sind nämlich aufgrund einer gewissen Besonderheit in der verstandesmäßigen Erfassung den Dingen zugelegt, auf der die Unterscheidung des einen vom anderen beruht. Wo jedoch alles eines ist, da kann es keinen besonderen Namen geben. Hermes Trismegistus sagt darum mit Recht: ›Da Gott die Gesamtheit der Dinge ist (*universitas rerum*), so gibt es keinen ihm eigenen Namen, müßte doch Gott sonst mit jeglichem Namen benannt werden oder alles mit seinem Namen. Er umgreift ja in seiner Einfachheit die Gesamtheit aller Dinge.[94]

Die saitische Inschrift gibt dieser allumfassenden, namenlosen Gottesidee den erhabensten Ausdruck, denn sie betont nicht nur die namenlose All-Einheit der Gottheit, sondern auch das Geheimnis, den Schauder eines unüberschreitbaren Tabus. Längst, schon bei Marsilio Ficino[95], war aus dem *peplos* des Plutarch'schen bzw. *chiton* des Proklos'schen Textes ein »Schleier« geworden. »Kein Sterblicher hat meinen Schleier gelüftet«, darin las man »hat mein Geheimnis ergründet«.

Unter dem Erhabenen verstand man im 18. Jahrhundert eine die Fassungskraft übersteigende und dadurch Schauer, Schrecken, Sprachlosigkeit einflößende Erfahrung. Das Erhabene ist das Unnennbare, Unaussprechliche, Sprach- und Begrifftranszendente. Nach Kant, dessen *Kritik der Urteilskraft* im gleichen Jahre wie Schillers Aufsatz erschien (1790), gibt es nichts Erhabeneres im Mosaischen Gesetz als das 2. Gebot: »Vielleicht gibt es keine erhabenere Stelle im Gesetzbuche der Juden, als das Gebot: Du sollst dir kein Bildnis machen, noch irgendein Gleichnis, weder dessen was im Himmel, noch auf der Erde, noch unter der Erden ist usw. Dieses Gebot allein kann den Enthusiasm erklären, den das jüdische Volk in seiner gesitteten Epoche für seine Religion fühlte, oder auch denjenigen Stolz, den der Mohammedanism einflößt.«[96] Das Erhabene widersteht menschlicher Darstellbarkeit, Verstehbarkeit und Mitteilbarkeit, aber ein starkes Selbst widersteht dem Erhabenen. Es ist möglich, Gott zu denken, ohne ihn auf ein Bild und Gleichnis zu reduzieren.

Das Bilderverbot bedeutet für Kant nicht nur ikonisches, sondern allgemein symbolisches, schlechthinniges Verstummen.[97] So wie der bildlose Gott ist auch die verschleierte Isis den menschlichen Begriffen und dem Vorstellungsvermögen entzogen. Und doch ist diese Entzogenheit ein Faszinosum, das uns fesselt durch den heiligen Schauer, den das Entzogene und Geheimnisvolle einflößt. Gott ist bildlos, weil er alles ist, und weil kein Name und kein Bild seine Größe fassen kann. Ebenso ist Isis notwendig verschleiert, weil sie alles ist, alles was da war, was da ist und was da sein wird. Nicht weil sie unsichtbar ist, sondern weil sie alles ist, entzieht sie sich unseren Blicken. Das Erhabene ist unabbildbar, unbenennbar und unentschleierbar.

Daher wendet Kant dieselbe Formel »Nichts ist erhabener als« in einer berühmten Fußnote derselben Kritik auch auf Schillers Beispiel, das verschleierte Bild zu Sais, an:[98]

> Vielleicht ist nie etwas Erhabeneres gesagt oder ein Gedanke erhabener ausgedrückt worden als in jener Aufschrift über dem Tempel der Isis (der Mutter Natur): »Ich bin alles was da ist, was da war und was da sein wird, und meinen Schleier hat kein Sterblicher aufgedeckt«.

Zur Illustration verweist Kant auf ein zeitgenössisches naturkundliches Werk, dem, wie er meint, eine Darstellung des verschleierten Bildes zu Sais als Frontispiz vorangestellt ist:

Segner benutzte diese Idee, durch eine sinnreiche, seiner Naturlehre vorgesetzte Vignette, um seinen Lehrling, den er in diesen Tempel einzuführen bereit war, vorher mit dem heiligen Schauer zu erfüllen, der das Gemüth zu feierlicher Aufmerksamkeit stimmen soll.[99]

Auch Kant verwendet, wie man sieht, die Sprache der Mysterien und der Initiation, um den Begriff des Erhabenen zu umschreiben: »Einführen in den Tempel«, »heiliger Schauer«, »feierliche Aufmerksamkeit«. Die Mysterien der Isis dachte man sich als ein von Ehrfurcht und Andacht geleitetes Lernen und Forschen über die Geheimnisse der Natur, wie es Novalis in den Lehrlingen zu Sais beschreibt. Für Schiller aber ist ein weiterer Begriff entscheidend: das Geheimnis. In seiner Schrift *Vom Erhabenen* (1793) ist es vor allem die Verhüllung, das Geheimnisvoll-Entzogene der saitischen Gottheit, in der er den Inbegriff des Erhabenen erblickt:

Alles, was *verhüllt* ist, alles *Geheimnisvolle*, trägt zum Schrecklichen bei und ist deswegen der Erhabenheit fähig. Von dieser Art ist die Aufschrift, welche man zu Sais in Ägypten über dem Tempel der Isis las: »Ich bin alles, was ist, was gewesen ist und was sein wird. Kein sterblicher Mensch hat meinen Schleier aufgehoben.«[100]

Der erste Satz ist die Paraphrase eines Gedankens von Clemens Alexandrinus: »alles, was durch einen Schleier hindurch erscheint, zeigt die Wahrheit größer und erhabener«.[101] Der heilige Schauer und Schrecken, den das Erhabene im Menschen erregt, soll sein »Gemüth« und seinen Geist zur Aufnahme einer Wahrheit vorbereiten, die nur im Zustand tiefer Erschütterungen und »leidenschaftlicher Bewegtheit« ergriffen werden kann. Die Enthüllung der letzten Geheimnisse erfordert eine erhabene Szenerie. Den Schauder des Erhabenen und die Aura des Geheimnisses vermögen freilich Titelblätter wie die

Johann Andreas von Segner

Sr. Königl. Preuss. Maj. Geh. Rathe, ersten Lehrers der Mathematik
und Naturlehre bey der Königl. Friedrichs Universität zu Halle,
Mitgliedes der Kays. Akademie zu Petersburg, der Königl.
Societät zu London, und der Königl. Akad. der
Wissenschaften zu Berlin

Einleitung
in die
Natur-Lehre.

Mit Kupfern.
Dritte sehr verbesserte Auflage.

Göttingen,
Verlegts Abram Vandenhoecks seel. Wittwe 1770.

Abb. 21: Frontispiz zu Segner

von Segner oder Blasius kaum zu vermitteln. Hier bildet aber das außerordentliche Titelblatt eine Ausnahme, das der schweiz-englische Künstler des Erhabenen, Heinrich Füßli/Henry Fuseli Erasmus Darwins Gedicht mit dem bezeichnenden Titel *The Temple of Nature* (Edinburgh, 1803) voranstellte.[102]

Es stellt die Entschleierung einer Statue der Isis in Gestalt der Ephesischen Artemis oder Diana multimammia dar durch eine Priesterin-Hierophantin, die ihr Gesicht abwendet. Davor in Rückansicht eine kniende Initiandin, die mit Gesten der Verzückung und des Schreckens auf diesen Anblick reagiert. Der Stich versucht den Augenblick der höchsten Stufe einzufangen, wo jahrelanges Lernen und Forschen endlich in mystische Schau (*epopteia*) übergeht und der Initiand mit der Natur selbst konfrontiert wird. Darwins Gedicht basiert weitgehend auf Warburtons Beschreibung der letzten Einweihung. Bei Füßli erfährt das Motiv vom Verschleierten Bild zu Sais nun genau die Ausdeutung, die Kant in das Frontispiz des Buches von Segner hineingelesen hatte. Hier ging es wirklich um die Einführung in den »Tempel« der Natur und um den »heiligen Schauer«, mit dem der Initiand dabei erfüllt werden soll. Die Begriffe »Natur«, »Isis«, »Mysterien« und »Einweihung« gehörten im damaligen Denken zusammen und die Erforschung der Natur inszenierte sich, wie wir schon im dritten Kapitel gesehen haben, auf Titelblättern naturkundlicher Werke mit Vorliebe als Einweihung in die Mysterien der Isis.

Diese Verbindung des Erhabenen mit den Begriffen Weisheit, Mysterium und Einweihung kommt immer wieder vor in der Literatur über die ägyptischen Mysterien wie z.B. in der folgenden Beschreibung der »Hermetischen

Abb. 22: Heinrich Füßli, Frontispiz zu Erasmus Darwin, The Temple of Nature, or, The Origin of Society. A Poem,Edinburgh 1809.

Höhle« in Theben, in der die ägyptischen Eingeweihten die auf den Pfeilern der Weisheit eingravierten Lehren des Hermes Trismegistos lernen sollten:

> Die fremdartige Feierlichkeit des Ortes muß jeden, der ihn betritt, mit heiligem Schrecken erfüllen und ist ganz dazu angetan, einen in jenen Geisteszustand zu versetzen, in welchem man alles, was der Priester zu offenbaren willens ist, mit ehrfürchtigem Schaudern aufzunehmen vermag ...
> Vom hintersten Ende der Höhle her oder aus den innersten Rücksprüngen wundersamer dahinterliegender Hohlräume heraus hört man wie von weitem ein Geräusch wie das entfernte Branden des Meeres, das sich mit großer Gewalt an Felsen bricht. Das Geräusch soll so betäubend und erschreckend sein, wenn man sich ihm nähert, daß nur wenige wißbegierig genug sind, um sich weiter in jene geheimnisvollen Naturspiele vorzuwagen ...
> Umgeben von diesen Pfeilern aus Lampen findet man jede dieser verehrungswürdigen Stelen, von denen ich jetzt reden will, und die in hieroglyphischen Zeichen mit den Urgeheimnissen der ägyptischen Weisheit beschriftet sind. ... Von diesen Pfeilern und den heiligen Büchern leitet sich, so behaupten sie, alle Philosophie und Wissenschaft der Welt her.[103]

Dies ist das angemessene Szenario für die Aufbewahrung und Übermittlung geheimer Weisheit. Ägypten galt als das Land der Mysterien. Die wohlhabenderen unter den Freimaurern der Zeit versuchten sogar, in ihren Parks und Gärten ein solches Ambiente zu schaffen. Die Bühnenanweisungen für die Feuer- und Wasserprobe im Finale des 2. Akts der *Zauberflöte* schreiben eine solche Höhle vor, wo Wasser mit betäubendem Tosen herabstürzt und Feuer mit verzehrenden Flammen lodert. Sie folgen nicht nur dem Vorbild von Abbé Terrassons Beschreibung der unterirdischen Initiationsprüfungen seines Helden Sethos, sondern auch der freimaurerischen Gartenarchitektur wie der Grotte in einem Park in Aigen bei Salzburg, der einem Freund und Logenbruder von Mozart gehörte.[104]

Die Idee des Erhabenen, die für die Ästhetik der Zeit und das Verständnis der ägyptischen Kunst und Architektur so zentral war, muss in engem Zusammenhang mit den damaligen Begriffen von Mysterien und Einweihung gesehen werden.

In den Mysterien ging es um die Wahrheit, die immer nur verhüllt zu haben und doch in lebenslangem Streben zu erforschen war. Einigen Wenigen wurde zuletzt eine mystische Schau zuteil. Am Anfang dieses Weges stand die Initiation, die man sich als eine schwere, schreckensvolle Prüfung vorstellte. Wenn der Initiand, wie es in der Zauberflöte heißt, »Des Todes Schrecken überwinden kann,/Schwingt er sich aus der Erde himmelan./ Erleuchtet wird er dann im Stande sein, / Sich den Mysterien der Isis ganz zu weihn.«[105]

Es ist aufschlussreich, die Fassung, die die Zauberflöte der ägyptischen Initiation gibt, mit der Vorlage zu vergleichen, dem Roman des Abbé Terrasson aus dem Jahre 1731, sowie mit Schillers Ballade. Was bei Terrasson fehlt, ist die affektive Besetzung. Für den jungen Sethos steht die Einweihung in die Mysterien der Isis auf seinem Erziehungsprogramm. Weder wird er von einer besonderen Sehnsucht dazu getrieben, noch bereitet sie ihm besondere Schreckensqualen. Die Schrecken sind allenfalls auf der Seite des empfindsamen Lesers; Sethos erträgt sie mit sportlichem Heroismus. Ganz anders bei Mozart/Schikaneder. Tamino wäre nie auf die Idee verfallen, sich diesen Prüfungen zu unterziehen, triebe ihn nicht die Liebe zu Pamina, und die furchtbarste aller Prüfungen ist für ihn, ihr gegenüber schweigen zu müssen. An diese von Leidenschaft vorangetriebene Wanderung durch die ägyptischen Einweihungen knüpft Schiller, vier Jahre nach Entstehung der Zauberflöte an, allerdings ohne Zaubermittel und ohne geschlechtliche Liebe. Den Jüngling treibt nicht das Bild der Geliebten, sondern »des Wissens heißer Durst« nach Sais in Ägypten und es geht auch nicht darum, durch Wasser und Feuer zu schreiten, sondern der Versuchung zu widerstehen, den Durst des Wissens vorzeitig zu stillen und den Schleier der Wahrheit »mit eigner Hand« zu heben. Das Mysterium erscheint hier stark intellektualisiert; es geht nicht mehr um die Geliebte, sondern nur noch um Erkenntnis, und aus der Göttin Isis wird bei Schiller die Wahrheit. Am Vorabend oder in der Morgenröte der modernen Naturwissenschaft warnt die Ballade vor einer rücksichtslosen und übereilten Aufdeckung der Naturgeheimnisse, bevor der Mensch die nötige Reife erworben hat, von seinen Erkenntnissen einen verantwortlichen, die Folgen abschätzenden Gebrauch zu machen. Schiller will nicht die Suche nach Wahrheit inkriminieren, sondern die unbedachte Neugier und die zwanghafte, über alle moralischen Hemmungen sich hinwegsetzende praktische Umsetzung des technisch Möglichen. Wie sehr hat die Geschichte Schiller recht gegeben!

Ludwig van Beethoven hat natürlich Schillers Ballade gekannt; er hat aber auch den Essay *Die Sendung Moses* gelesen[106] und sich drei Sätze daraus abgeschrieben, in denen sich die Gottheit der ägyptischen Mysterien – Isis bzw. die Wahrheit – den Mysten offenbart:

> // Ich bin, was da ist //
> // Ich bin alles, was ist, was war, und was seyn wird, kein sterblicher Mensch hat meinen Schleyer aufgehoben //
> // Er ist einzig von ihm selbst u. diesem Einzigen sind alle Dinge ihr Daseyn schuldig //

Dieses handgeschriebene Blatt hat er unter Glas rahmen lassen und sich auf den Schreibtisch gestellt. Die letzten Jahre seines Lebens hat er es ständig vor Augen gehabt.

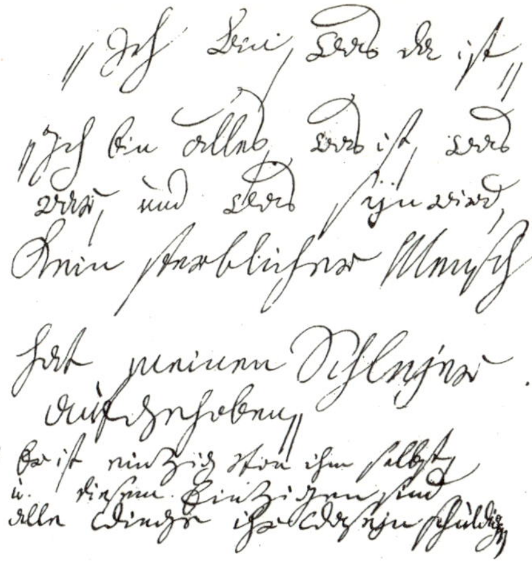
Ich bin, was da ist
Ich bin alles, was ist, was
war, und was seyn wird,
kein sterblicher Mensch
hat meinen Schleyer
aufgehoben
Er ist einzig von ihm selbst
u. diesem Einzigen sind
alle Dinge ihr Daseyn schuldig

Abb. 23: Kernsätze der ägyptischen Mysterien zu Beethovens Handschrift

Nichts zeigt deutlicher als dieses Detail, welche Bedeutung die Göttin von Sais im späten 18. und frühen 19. Jahrhundert besessen hat. Hier, in den ägyptischen Mysterien, war der geschichtliche Ort des Gottes der Philosophen. Schiller war es, der mit seiner Ballade und seinem Essay die Themen eines gelehrten Diskurses der gebildeten Öffentlichkeit zugänglich machte und diesen Ideen zu einer ungeheuren Breitenwirkung verhalf.

Das verschleierte Bild der Isis spielt auch in J.H. Jung-Stillings Roman *Das Heimweh* eine Rolle, der den Versuch darstellt, die freimaurerische Konzeption der Isis-Mysterien ins Christliche zu transponieren. Bei Jung-Stilling steht es nicht in Sais, sondern in einer der unterirdischen Räume unter den Pyramiden von Memphis, und natürlich ist es Christus, dem es gelungen ist, den Schleier zu heben. Jedem, der ihm wahrhaft nachfolgt, wird Gleiches gelingen:

> Hier fand ich nun gerade mitten in dem Zimmer eine uralte, sehr merkwürdige Bildsäule einer sitzenden Isis; die Figur war colossalisch, von einem sehr harten und feinen Stein, so gebildet, als wenn ein Schleier von ihrem Gesicht herab hinge. Oben über der Stirn stand die alte, kaum leserliche Inschrift: »Ich war, ich bin und werde seyn, noch nie hat ein Sterblicher meinen Schleier aufgedeckt.«
>
> Etwas weiter unten fand ich die Worte: »Derjenige, der todt war, nun aber lebendig ist und in Ewigkeit regiert, hat mein Angesicht zuerst enthüllt; und jeder mit seinem Geist und mit Feuer Getaufte kann meinen Schleier aufdecken.«[107]

Angesichts dieser zentralen Bedeutung des Motivs im 18. Jahrhundert ist es bemerkenswert, dass das verschleierte Bild zu Sais in der Zauberflöte kaum eine Rolle spielt. Nur einmal klingt es ganz kurz an, als Papageno in einer bei ihm ganz ungewöhnlich feierlichen Sprache Tamino auf dessen Frage, ob er die nächtliche Königin gesehen habe, zurecht weist:

> Sehen? – Die sternflammende Königinn sehen? – Welcher Sterbliche kann sich rühmen, sie je gesehen zu haben? – Welches Menschen Auge würde durch ihren schwarz durchwebten Schleyer blicken können?

Mozart verfolgt ganz andere Vorstellungen bei seiner Inszenierung des Erhabenen. Ihm geht es um die Rolle der Musik. Wenn der Gesang des Orpheus die Macht hatte, die wilden Tiere zu zähmen und die Mächte der Unterwelt zu besänftigen, dann verlegt Mozart diese verwandelnde Kraft in ein Instrument, zu dem man nicht singen kann. Nicht das gesungene Wort, sondern der erklingende Ton, das heißt, die Instrumentalmusik, die absolute Musik verwandelt die Wirklichkeit, und zwar nicht nur den, der sie hört, sondern auch den, der sie spielt. Sie macht ihn gefeit gegen die vernichtende Gewalt der Elemente. Im naiven Verstand wäre damit Schillers Begriff des Erhabenen zerstört. Mit Musik bewaffnet wäre die Seele dem Erhabenen ebenso wenig ausgesetzt wie mit den Armaturen des Unsterblichkeitsglaubens und anderer frommer Gewissheiten. In einem tieferen Verstand jedoch wird hier die Musik nicht als Waffe, sondern als Ausdrucksmedium eingesetzt. In der Musik erklingt die Seele, die Stand hält, aber dass sie erklingen kann gibt ihr auch die Kraft, stand zu halten. Die musikalische Form der Flötenmelodie im Marsch durch Feuer und Wasser hat Gernot Gruber als eine auskomponierte Improvisation gedeutet. In der Improvisation drückt sich die einsame Seele in ihrer subjektiven Spontaneität und Freiheit aus. Die affekt-verwandelnde Kraft der Musik wirkt auch nach innen, nicht nur auf den Hörer, sondern auch auf den Spieler: die musizierende Seele ist frei und äußert ihre Freiheit in der Improvisation.[108]

Von allen Musikinstrumenten galt dem späten 18. Jahrhundert die Flöte als dasjenige, in dem sich die Seele am unmittelbarsten ausdrückt. Es war ja der Hauch, diese dem Geistig-Seelischen nächststehende aller Körperfunktionen, der den Ton erzeugte. In seinem Roman »Andreas Hartknopf« aus dem Jahre 1785 lässt Karl Philipp Moritz seinen Helden als einen flötespielenden Philosophen auftreten, der stets seine Flöte bei sich trägt, um seine Worte dort, wo sie Sprache versagt, in Flötentöne übergehen zu lassen:

> Hartknopf nahm seine Flöte aus der Tasche, und begleitete das herrliche Rezitativ seiner Lehren mit angemeßnen Akkorden – er übersetzte, indem er phantasierte, die Sprache des Verstandes in die Sprache der Empfindungen: denn dazu diente ihm die Musik. Oft, wenn er den Vordersatz gesprochen hatte, so blies er den Nachsatz mit seiner Flöte dazu. Er atmete die Gedanken, so wie er sie in die Töne der Flöte hauchte, aus dem Verstande ins Herz hinein

So zog auch Tamino seine Flöte aus der Tasche, als er den Göttern seine Dankbarkeit dafür ausdrücken wollte, daß Pamina noch lebt:

O wenn ich doch im Stande wäre,
Allmächtige, zu eurer Ehre,
Mit jedem Tone meinen Dank
Zu schildern, wie er hier (aufs Herz deutend.) entsprang!

Und so zieht er sie auch beim Gang durch Feuer und Wasser aus der Tasche, um der Liebe, die er und Pamina füreinander empfinden und die ihnen die Stärke gibt, dem überwältigenden Ansturm der Elemente und der Konfrontation mit dem Erhabenen stand zu halten, in einer Improvisation über das Liebesthema Ausdruck zu geben.

Werfen wir abschließend, nach Tamino und dem Jüngling zu Sais, noch einen kurzen Blick auf den dritten Eingeweihten dieser Gruppe, auf Schillers Mose. Er hat die Wahrheit geschaut und ihr Stand gehalten. Er ist frei von den Illusionen des Volksglaubens. Sein Gott ist die namenlose, All-Eine Gottheit der Philosophen, der Inbegriff des Erhabenen, die von sich sagt: »Ich bin alles was da ist, war und sein wird. Kein Sterblicher hat meinen Schleier gehoben.« Alle Riten, Bilder und Lehren, in denen die Religionen das Göttliche als Götterwelt ausgestalten, sind als Illusionen vor der Wahrheit der All-Einen Gottheit vergangen. Mit diesem Gott möchte Mose sein Volk aus der ägyptischen Knechtschaft befreien. Diesem edlen Plan stehen aber zwei Hindernisse entgegen. Erstens kann er nicht ein ganzes Volk in diese Mysterien einweihen, denn das würde Jahrzehnte erfordern und überdies nur bei den allerstärksten, verstandeskräftigsten Naturen zur Erkenntnis führen; er muss also Einsicht durch blinden Glauben und Belehrung durch Wunder und Gewalt ersetzen. Zweitens eignet sich die all-eine Gottheit der Mysterien nicht zum Nationalgott. Dieser muss einen Namen und Eigenschaften haben. Er muss richten und retten, belohnen und strafen und sein Volk vor anderen auserwählen. An die Stelle des Höchsten, namenlosen Wesens setzt Schillers Mose also den »Nationalgott« Jahweh, eine andere lebensdienliche und staatstragende Fiktion, um wenigstens die eine Teilwahrheit, den Gedanken der Einheit Gottes zu retten. Damit wird Mose nicht nur zum Verräter der Mysterien, er verrät und verfälscht, wenn auch in allerbester Absicht, den erhabenen Gedanken, den er ihnen entnimmt. Bei Schiller hat Mose damit durchaus Erfolg: ihm gelingt die Befreiung des Volkes und die Gründung eines freien, nur dem Gesetz unterworfenen Gemeinwesens. Erst Arnold Schönberg und Sigmund Freud lassen 140 Jahre später Mose an genau diesem Problem, der Unübersetzbarkeit des Erhabenen ins Fassliche und Volkstümliche scheitern. Bei Schönberg sinkt Moses verzweifelt zu Boden: »O Wort, du Wort, das mir fehlt.« Bei Freud wird er gar von den Israeliten erschlagen.

Tamino ist natürlich keine tragische Figur; er scheitert nicht, sondern gewinnt Pamina und die Herrschaft. Trotzdem ist das Problem der Wahrheit auch hier präsent, das Problem, sich nur im Schutzraum der Mysterien erkennen und überliefern zu lassen, weil Volk und Staat sie nicht ertragen. Das Volk braucht Illusionen, der Staat legitimierende Fiktionen. Schikaneder hatte in seinem Libretto einen kleinen Vierzeiler vorgesehen, den Pamina und Papageno im Duett singen sollten, nachdem Pamina ihr großartiges »Die Wahrheit! Die Wahrheit! Wär sie auch Verbrechen!« ausgerufen hatte:

Die Wahrheit ist nicht immer gut,
Weil sie den Großen wehe tut;
Doch wär sie allezeit verhasst,
So wär mein Leben mir zur Last.[109]

Das sollte wie so viele ähnliche Stellen der Oper zur Belehrung der Zuschauer dienen, die ja auch als Einzuweihende behandelt werden. Mozart hat sie gestrichen, aber sie verdeutlicht das Prinzip der religio duplex sowie seine absehbare Überwindung.

Noch ist auch die Welt der *Zauberflöte* kein Himmelreich und sind Sterbliche den Göttern noch nicht gleich. Die *Zauberflöte* feiert nicht den Sieg, sondern nur die Hoffnung auf den Sieg der Aufklärung. Ihr Stichwort ist »bald«. Diese Stimmung – das Bewusstsein, in einer Zeit zu leben, in der einer Elite die vertrauten lebensdienlichen Illusionen und staatstragenden Fiktionen zerfallen sind, die Wahrheit aber unter dem Druck von Zensur und Verfolgung zumindest einstweilen noch in den Schutzraum des Geheimnisses flüchten muss – diese Stimmung liegt dem Mysterienfieber und der Suche nach neuen Mysterien zugrunde. In jenen Jahren gingen Aufklärung und Geheimnis eine enge Verbindung ein. Der Ausgang des Menschen aus seiner selbstverschuldeten Unmündigkeit führte zunächst zu einer inneren Emigration, die in den unterirdischen Forschungen und Riten der ägyptischen Priester ihr Vorbild sah. Mit dem Sieg des Bürgertums und der Demokratie ereignete sich jener Strukturwandel der Öffentlichkeit, in dem das Geheimnis verschwand und die Ideale der Aufklärung verbürgerlichten. Die *Zauberflöte* wurde zur Märchen- und Rätseloper und Schillers Ballade vom Verschleierten Bild zu Sais verlor ihre Pointe. Schiller und Mozart, so verschieden sie in allen anderen Hinsichten sein mochten, waren sich darin einig, ihre Kunst in den Dienst der Aufklärung zu stellen, das heißt: den Schutzraum des Geheimnisses in die exoterischen, nach außen wirkenden Mysterien der Kunst und die Einweihung in ästhetische Erziehung zu übersetzen.

Fünftes Kapitel

Historismus und Orientalismus
Ägypten in Verdis *Aida*

Mozarts *Zauberflöte* und Verdis *Aida* gelten als die beiden großen Opern, in denen das alte Ägypten auf die Bühne gebracht wird. Der Unterschied zwischen diesen beiden Vergegenwärtigungen Altägyptens auf der Opernbühne könnte freilich nicht größer sein. Die beiden Opern veranschaulichen zwei vollkommen verschiedene Formen und Paradigmen des Vergangenheitsbezugs. Die *Zauberflöte* vertritt, wie wir im vierten Kapitel gesehen haben, das Paradigma einer klassizistischen Rückerinnerung, das auf der Überzeugung beruht, die Vergangenheit sei gar nicht vergangen, sondern zumindest in Spuren noch lebendig und ließe sich in der Gegenwart wieder neu zum Tragen bringen. *Aida* dagegen gehört zum Paradigma eines Historismus, der die Vergangenheit vollkommen unabhängig von jeglicher Gegenwartsrelevanz rein um ihrer selbst willen zitiert. Dem Historismus kommt es auf höchste Detailgenauigkeit an; die Fakten müssen stimmen, alles andere ist Nebensache. Dem klassizistischen Gedächtnis kommt es dagegen vor allem auf das menschlich Bedeutsame an; man muss in die Vergangenheit wie in einen Spiegel blicken können. Der Historismus verfremdet die Vergangenheit, der Klassizismus verwandelt sie sich (und sich ihr) an. Die *Zauberflöte* spielt, genau genommen, gar nicht im alten Ägypten, sondern in irgendeinem beliebigen Utopien, das sich auf der Opernbühne ebenso wie in einem Freimaurergarten abbilden lässt; ägyptisch daran sind allein die Mysterien der Isis, die ja schon im Altertum auch außerhalb Ägyptens gefeiert wurden. *Aida* jedoch spielt im alten Ägypten und nirgendwo sonst. Die Handlung lässt sich in keine andere raumzeitliche Wirklichkeit versetzen, ohne ihren Sinn völlig zu verändern und zu verfälschen. Die *Zauberflöte* ist aus dem Geist der Freimaurerlogen und Freimaurergärten geboren, in denen die Mysterien der Isis nachgespielt wurden, *Aida* dagegen aus dem Geist der historistischen Museen und Weltausstellungen des 19. Jhs., in denen die Vergangenheit detailgenau rekonstruiert wurde. Diese Oper realisiert in ihren Bühnenbildern, Kostümen und Requisiten eine Art ›ägyptischen Pavillon‹ und die Handlung, die sich in diesem Rahmen abspielt, hat zusammen mit der Musik die Aufgabe, diesen Rahmen zu beleben, ihm eine Seele einzuhauchen und ihm eine möglichst eindrucksvolle ästhetische Präsenz und emotionale Evidenz zu geben. Diese Oper *spielt* nicht einfach im alten Ägypten, so wie *Nabucco* im alten Babylon, sondern sie *repräsentiert* das alte Ägypten, bringt es auf die Bühne, stellt es aus, mit allen Mitteln der historischen Rekonstruktion. Das ist das Besondere dieser Oper, und in diesem Sinne hat sie einen zentralen Ort nicht nur in der Musik- und Theatergeschichte, sondern auch und vor allem im Orientalismus des 19. Jahrhunderts.

Das lässt sich nicht nur anhand der Oper selbst, sondern bereits an den historischen Umständen ihrer Entstehung aufzeigen. Diese Oper ist in einem entscheidenden, die Gestalt des Werkes und die Bedingungen seiner Realisierung tiefgreifend determinierenden Sinne eine Auftragsarbeit, mehr und anders als alle anderen Opern Verdis. Dieser Auftrag ist es, der dem Werk das Element des Repräsentativen, Weltausstellungshaften und Orientalistisch-Historistischen verleiht. Wenn irgendwo Aby Warburgs Forderung, das historische, kulturelle, ökonomische, politische und intellektuelle Umfeld in die Analyse eines Werkes einzubeziehen, ihr Recht hat, dann hier. Ägypten ist dieser »Rahmenhandlung« alles andere als äußerlich, im Gegenteil. Ägypten bildet nicht nur das Thema oder den Schauplatz der Oper, sondern den Ausgangspunkt, den Ursprung und Anlass ihres Zustandekommens.

Werfen wir daher zunächst einen Blick auf diese äußeren Umstände. Sie gehören hier, wie gesagt, zum Kunstwerk dazu, bilden gewissermaßen sein Wurzelwerk, das sich dann auch, um im Bilde zu bleiben, im sichtbaren Baum in ähnlicher Weise abbildet. Die Genese der Oper führt uns in das Ägypten der 60er Jahre des 19. Jahrhunderts und zu dem typisch orientalischen Gespann von *king and councillor*. Der Herrscher ist Ismail Pascha (1830–95, Vizekönig 1863, Khedive 1867, zur Abdankung gezwungen 1879). Er herrscht über Ägypten, das damals zum osmanischen Reich gehörte, aber im Zuge eines »nationalen Erwachens« nach Autonomie strebte. Er war in Paris erzogen, frankophil, und wollte Ägypten so schnell wie möglich im westlichen Sinne modernisieren: Eisenbahnlinien und Telefonnetze werden gelegt, Straßenbeleuchtung eingeführt, der Suez-Kanal gebaut und ein Opernhaus nach französischem Vorbild errichtet. Für die Einweihung von beidem wünschte er sich eine Oper oder zumindest eine szenische Hymne von Verdi. Er war ein Kind seiner

Zeit und verwestlicht genug, um dieses Projekt im Rahmen eines historistischen Nationalismus zu konzipieren, also mit pharaonischem Pomp. »Pharaonismus«, die Instrumentalisierung der altägyptischen Vergangenheit im Rahmen des modernen politischen Imaginaire war noch zu Zeiten Gamal Abd el-Nassers ein Zeichen ägyptischen Autonomiestrebens im Rahmen des arabisch-islamischen Verbands.

Für dieses Projekt stand ihm ein idealer Ratgeber zur Seite in Gestalt von Auguste Mariette-Bey, dem Generaldirektor der ägyptischen Altertümer. Mariette, geb. 11.2.1821, begann seine märchenhafte Karriere als Zeichenlehrer, daneben Bühnenbildner, Regisseur, gelegentlich Autor für private Theateraufführungen und Journalist in Boulogne sur-Mer.[109] Der junge Mariette schrieb Essays, Erzählungen, Feuilletons, war also, was das Projekt »*Aida*« angeht, ein Mann vom Fach, für den die Ägyptologie zunächst eine Nebensache darstellte, ihm aber dann eine Anstellung am Louvre verschaffte. Bevor der Ägyptologe zum Bühnenautor wurde, wurde also zunächst einmal der Bühnenautor Ägyptologe. 1850 wurde Mariette mit dem Auftrag, für 8000,– Fr koptische Manuskripte zu kaufen, nach Ägypten geschickt. Statt Manuskripte zu kaufen startete er Ausgrabungen in Saqqara, suchte und fand das Serapeum (ein System unterirdischer Gänge und Krypten, in denen die Apis-Stiere bestattet wurden), sowie Hunderte von Gräbern voller Statuen und Wandbilder, baute ein großes Nationalmuseum auf, verband also von Anfang an Archäologie mit Präsentation und Inszenierung, auch Selbstinszenierung in einem großartigen Grabungszelt, das noch heute als *resthouse* touristisch genutzt wird. 1858 wurde Mariette Leiter der Ausgrabungen und Altertümer in Ägypten und Bey (Baron) des osmanischen Reiches. Seinen Sinn für archäologische Inszenierungen konnte er 1867 als Generalbevollmächtigter für die Ägyptenrepräsentation bei der Pariser Weltausstellung voll zum Tragen bringen. Natürlich wurde der Ägypten-Pavillon als ägyptischer Tempel gestaltet im Sinne einer visuellen Repräsentation der pharaonischen Vergangenheit. Schon hier ging es um eine szenische Rekonstruktion mit allen Mitteln historistischer Detailtreue. In diesem Kontext entstand vermutlich die Idee einer ägyptischen Oper. So wie Ismail Pascha in Mariette den idealen Ratgeber, so fand dieser im Khediven den idealen Sponsor. Er selbst konstatierte später: »*Aida* ist ein Produkt meiner Arbeit; ich hatte beschlossen, daß der Vizekönig davon eine Aufführung anordnet; *Aida* – in einem Wort – ist aus meinem Hirn entsprungen.«

Wir haben es also mit der Allianz zu tun zwischen einem orientalischen Herrscher, der Ägypten zugleich modernisieren, d. h. verwestlichen, und aus der osmanischen Oberhoheit zu mehr Selbständigkeit herausführen will, und einem Europäer, der das Ziel verfolgt, unter dem glanzlosen Schleier der osmanischen Gegenwart die spektakulären Überreste der glanzvollen pharaonischen Vergangenheit freizulegen. Diese Allianz zwischen Verwestlichung und Ägyptologie, zwischen der ägyptischen Moderne, die sich nach Westen orientiert, und dem europäischen Orientalismus und Historismus, der sich die Erforschung der pharaonischen Vergangenheit auf die Fahnen geschrieben hat, hat eine hohe symbolische Bedeutung. Das zeitgenössische, islamische Ägypten stand (und steht immer noch) der pharaonischen Vergangenheit und der europäisierten (bzw. amerikanisierten) Zukunft gleich fremd bis feindlich gegenüber. Die Ägyptologie ist ein westliches Projekt. Für sie ist die islamische Gegenwart nur eine störende Barriere. Nirgends tritt dieser Konflikt so klar zutage wie in der Oper *Aida*. Der Opernauftrag an Verdi ist Teil des europa-orientierten Modernisierungsprogramms, und das Publikum der Uraufführung soll sich zeitgenössischen Berichten zufolge ausschließlich aus Europäern zusammengesetzt haben, die sich der Khedive als neue städtische Mittel- und Oberschicht ins Land geholt hatte; Thema der Oper ist aber, als Ausdruck des importierten Nationalgefühls, das pharaonische und nicht das zeitgenössische Ägypten.[110] *Aida* ist somit Ausdruck dieser Umklammerung durch die fremde pharaonische Vergangenheit und die gleichermaßen fremde europäisierte Zukunft, der sich das damalige zeitgenössische Ägypten ausgesetzt fühlen musste.

Die Einweihung des Suez-Kanals fand am 11. November 1869 statt, als Kaiserin Eugénie auf der Aigle an der Spitze einer internationalen Flotte in die neue Wasserstraße einfuhr. 10 Tage vorher war das Opernhaus mit Rigoletto eröffnet worden. Verdi musste es nun einmal sein. Eigentlich hätte er schon zur Einweihung des Suez-Kanals *Aida* komponieren sollen.[111] Dazu kam es dann nicht, weil Verdi zu spät kontaktiert wurde. Außerdem wollte er nicht. »Es ist nicht meine Gewohnheit, Gelegenheitsstücke zu schreiben«.[112] Er stand damals, mit 56 Jahren, auf dem Höhepunkt seines Ruhms. Nach 16 Jahren härtester Arbeit, in denen 18 noch heute auf allen Bühnen der Welt gespielte Opern entstanden waren, suchte er vor allem Ruhe auf seinem Landgut Sant' Agata, wählte sich seine Stoffe selbst und ließ sich viel Zeit dabei. In den Jahren zwischen 1858 und 1870 waren nur drei Opern entstanden: Un ballo in maschere (1859), La forza del destino (1862) und Don Carlos (1867). Verdi machte sich rar.

Aber Mariette und der Khedive ließen nicht locker und machten über Camille Du Locle, den Sekretär der Pariser Oper, die ungewöhnlichsten Zugeständnisse und finanziellen Angebote, um Verdi für die *scrittura* von *Aida* zu gewinnen. 150.000 Francs in Gold, auf die man sich schließlich einigte, sind das höchste Honorar, das jemals für eine Oper gezahlt wurde. Verdi fing jedoch erst Feuer, als er Mariettes 23 Seiten starken Entwurf zu Gesicht bekam. Er fand ihn »gut gemacht, hervorragend vom szenischen Standpunkt, mit zwei, drei wenn auch nicht ganz neuen, so doch gut gemachten Stellen« und fragte: »aber von wem stammt er? Eine sehr erfahrene Hand spricht daraus, jemand, der das Schreiben gewöhnt ist und jemand, der das Theater gut kennt.«[113] De Locle antwortete: »Das ägyptische Libretto ist die Arbeit des Vizekönigs und des berühmten Archäologen Mariette-Bey.« Verdi war also als Künstler von dem Szenario angeregt und nicht etwa kaufmännisch von den außergewöhnlichen Bedingungen verführt, als er den Auftrag dann doch annahm und sich geradezu mit Haut und Haaren auf das historistisch-nationalistische Projekt einer Ägyptenoper einließ. Vor allem aber beflügelte ihn offenbar die Idee einer historistischen Rekonstruktion.

Die Oper sollte zwar in Kairo aufgeführt, aber in Paris einstudiert werden. Die Pariser Oper übernahm auch die Ausstattung mit Bühnenbildern, Requisiten und Kostümen, deren Vorlagen Mariette auf einer halbjährigen, nur zu diesem Zweck unternommenen Forschungsreise in Ägypten gesammelt hatte. Die Pariser Oper, die man in dieser Hinsicht nur mit Hollywood vergleichen kann, war eine Traumfabrik für gewaltige Ausstattungsstücke mit vorzugsweise antikisierender und orientalisierender Tendenz. *Aida* gehört in die Tradition der Pariser Grand

Opéra, die sich auf die kulturelle Inszenierung des Fremden im 19. Jh. geradezu spezialisiert hat. »In keiner anderen Oper«, schreibt Attila Csampai, »tritt die heimliche Beziehung der romantischen Oper zum Hollywood-Monumentalfilm so offen zutage wie in *Aida*, sie belegt geradezu exemplarisch Adornos These, wonach die Oper des 19. Jahrhunderts zum Platzhalter des noch ungeborenen Kinos wurde.«[114] Die kulturellen Inszenierungen des Orients im 19. Jahrhundert waren sehr weitgehend ein französisches Phänomen. So wie der Bauchtanz eine Pariser Erfindung darstellt, die erst mit jahrzehntelanger Verspätung vom Orient aufgegriffen wird, so ist auch das Alte Ägypten im Gefolge der Napoleonischen Expedition vor allem eine französische Konstruktion und Auguste Mariette, der geistige Vater *Aida*s, ist dabei die Zentralfigur. Es ist also absolut logisch, dass *Aida* ein Projekt der Pariser Grand Opéra ist.

Schließlich und vor allem spielt aber auch die unmittelbare Zeitgeschichte in die Entstehung der Oper hinein, nicht nur in Gestalt des Suez-Kanals, nicht nur in Gestalt der Einigung Italiens, die sich während der Niederschrift der Partitur mit der Einnahme Roms und der Eingliederung des Kirchenstaats gerade vollendete, sondern vor allem in Gestalt des Deutsch-Französischen Krieges, der während ihrer Fertigausstellung ausbrach und ihre Produktion arg behinderte, weil der aus Ägypten angereiste Mariette mit allen von ihm entworfenen und mitentworfenen Bühnenbildern, Kostümen, Requisiten usw. in dem von den Deutschen besetzten Paris festsaß. Die Oper, in der das Thema Krieg eine große Rolle spielt, wurde also in Zeiten des Krieges geschrieben. Wir werden noch sehen, dass dieser Krieg, und zwar auf Anregung Verdis, sehr entscheidende Spuren im Libretto hinterließ.

Die Oper ist dann mit einjähriger Verspätung am Weihnachtsabend des Jahres 1871 in Kairo aufgeführt worden und war ein Triumph, wie er ja auch in der Oper selbst (und wie in keiner anderen Oper) strahlend, spektakulär und pompös auskomponiert worden war. Die Oper ist von ihren Auftraggebern Mariette und Ismail Pascha als ein nationaler Triumph gedacht. Sie soll die Größe Ägyptens aller Welt in Gestalt der pharaonischen Vergangenheit möglichst triumphal vor Augen stellen. Daher bildet logischerweise eine Triumphszene ihren Mittelpunkt, in der nun die Idee des nationalen und militärischen Triumphes ganz allgemein, wie sie den Nationalismus des 19. Jahrhunderts bestimmt und bewegt hat, ihren entsprechend allgemeingültigen, also nicht nur ägyptischen, sondern italienischen, französischen, deutschen usw. Ausdruck findet. Geradezu unvermeidlich wird dann auch ihrerseits die Oper zu einem Triumph, zum Triumph Verdis natürlich, aber auch Mariettes und der Ägyptologie sowie des Khediven, der noch in der Nacht der Generalprobe ein Glückwunschtelegramm an Verdi aufgibt.

Was wir aus all diesen Begleitumständen für das Verständnis der Oper selbst festhalten sollten, ist der absolut zentrale und unverzichtbare Ort, den das alte Ägypten in ihrer Thematik und Semantik einnimmt. Diese Oper verdankt ihr Zustandekommen der Allianz von Modernismus und Antiquarianismus, von Francomanie auf Seiten des Khediven und Ägyptomanie auf Seiten der Franzosen. Sie ist nicht nur eine ägyptische, sondern auch eine ägyptologische Auftragsarbeit. Daher steht und fällt Verdis Oper *Aida* mit Ägypten und mit der Ägyptologie, und jede Inszenierung, die glaubt, sich über dieses Element ihrer fundierenden Semantik hinwegsetzen zu können, bzw. »Verdis herrliche Musik« vor dem »ganzen

Ägypten-Kitsch« retten zu müssen, verfehlt den Geist des Werkes. Der Ägyptologe Auguste Mariette ist der eigentliche Protagonist der Rahmenhandlung, der die Oper ihr Zustandekommen verdankt. Seinem Hirn, er sagte es selbst, ist *Aida* entsprungen. Er ist der eigentliche Erfinder und Drahtzieher dieser Affäre, alle anderen tanzen nach seiner Pfeife. Er begeisterte den Khediven für sein Projekt, konnte über Du Locle Verdi gewinnen und bestimmte bis in alle Einzelheiten hinein die Inszenierung. In diesem Projekt kann er all seine Talente, als Zeichner, Bühnenautor, Bühnenbildner und Ägyptologe zum Tragen bringen. »Ich habe selbst die Kostüme gezeichnet«, schreibt er. »Etwas Derartiges hat man noch nie auf der Bühne gesehen ... Die Kostüme sind nicht nur elegant und reich, sie sind vor allem exakt und die Kenner werden das sehr zu schätzen wissen.«[115] Um solcher antiquarischer Details willen ist Mariette monatelang in Ägypten herumgereist und hat Vorlagen für seine Kostüme gesammelt. *Aida* ist der Versuch, das Antiquarische zum ästhetischen Prinzip zu erheben. Wenn jemals der liebe Gott im Detail wohnte, dann hier. Denn das war es, was die Welt noch nie gesehen hatte: Bauten, Möbel, Kostüme, Geräte, exakt kopiert nach historischen Originalen und nach allen Regeln der Kunst antiquarischer Wissenschaft. Auf den plot, die Geschichte selbst kam es nicht an. Nicht *historia*, sondern *antiquitates aegyptiacae* sollten auf die Bühne kommen: ein Palast, ein Tempel, eine Sphinxallee und die Krypten des Serapeums. *Aida* ist der Tagtraum eines Archäologen, der seine Ruinen mit erfundenen Figuren bevölkert und ihnen das Leben einer erfundenen Geschichte einhaucht, um sie zu einer lebendigen Wirklichkeit zu ergänzen.

Entscheidend ist nun, dass Verdi vollkommen den antiquarisch-historistischen Ansatz Mariettes übernimmt.

Abb. 24 Auguste Mariette: Figurine des Radames

Offenbar ist es genau dieser antiquarische Exotismus, der Verdi an dem Projekt fasziniert. Er möchte auch seinerseits alles historisch möglichst richtig machen und fordert bei Du Locle, den er (zu Unrecht) für einen Kenner altägyptischer Antiquitäten hält, entsprechend präzise Informationen ein. Du Locle antwortet ihm mit vollkommen frei erfundenen Spekulationen: »Dieser Tanz wurde in langen Roben und langsamen, feierlichen Rhythmen ausgeführt. Die Musik, die ihn begleitete, war wahrscheinlich eine Art Kirchengesang, sehr tief gesungen, mit einem sehr hohen Gesang von jungen Soprani (männlich) darüber. Die Instrumente, die die Tänze begleiteten, waren 24-saitige Harfen, doppelte Flöten, Trompeten, Hackbrett oder kleine Trommeln, riesige Kastagnetten (Schellen) und Schallbecken«.[116] Gott weiß, woher er das so genau wissen wollte. Vor allem beschäftigte Verdi die Frage, ob der Götterkult reine Männersache war, oder ob er auch Frauen in seinen Chören einplanen könnte und, wenn ja, wie viele. Am 15. Juli schreibt er an Du Locle: »Gab es Priesterinnen der Isis oder einer anderen Gottheit? In den Büchern, die ich durchgeblättert habe, finde ich vielmehr, daß dieser Gottesdienst den Männern vorbehalten war.«[117] Zwei Wochen später teilt er Giulio Ricordi mit: »Auch ich habe bei Herodot gesehen, daß der Götterkult streng den Männern vorbehalten war; nur in Persien gab es Priesterinnen oder Dodonen. Aber wenn andere Autoren sie zulassen, können auch wir sie ohne weiteres zulassen.«[118] Verdi hatte recht: in diesem Punkt hatte Herodot sich geirrt. Natürlich gab es Priesterinnen in Ägypten, nicht nur für weibliche Gottheiten, und am Kult großer Götter wie Amun von Theben und Ptah von Memphis waren die Damen der vornehmen Gesellschaft als Sängerinnen beteiligt. Auch um historische Instrumente bemühte sich Verdi, las zu diesem Zweck den ersten Band der Histoire Générale de la Musique von François-Joseph Fétis, fand dort eine ägyptische Flöte im Museum von Florenz erwähnt, nahm diese Flöte selbst in Augenschein, war davon jedoch enttäuscht und entschied sich für die berühmten Trompeten, die er nach ägyptischen Wandbildern von Giuseppe Pelitti nachbauen ließ.[119] Verdis Bemühungen um historische Treue gingen so weit, dass er die Ausstattung der Mailänder Aufführung von 1872 für alle Zeiten kanonisieren wollte:

> Der szenische Direktor wird auf gar keinen Fall erlauben, daß irgendjemand ... auch nur irgendwie die Kostüme, die Haartrachten, den Schmuck verändert, die vollkommen genau nach den Modellentwürfen realisiert werden, welche von berühmten Künstlern mit skrupulöser Genauigkeit gemäß den historischen Vorbildern studiert und realisiert wurden.[120]

Daraus geht ziemlich eindeutig hervor, dass für Verdi die historische Treue und wissenschaftliche Basis des ägyptischen Kolorits der Oper allererste Priorität besaß. Das war keine Frage von »Ägyptomanie«, denn für das alte Ägypten hat sich Verdi ansonsten nicht weiter interessiert, sondern eine Frage der künstlerischen Form. In Verdis Augen stand und fiel die Wirkung der Oper offenbar mit der wissenschaftlichen Genauigkeit der Inszenierung.

Obwohl Verdi und sein Librettist Ghislanzoni Mariettes Vorlage sehr getreu übernehmen, lohnt es sich, die beiden Fassungen der Handlung vergleichend gegenüberzustellen:

Mariettes Script[121] (Zusammenfassung)	Verdi-Ghislanzonis Oper
Erster Akt: Die Handlung spielt in Memphis. Bühnenanweisung. »Saal im Palast des Königs. Alles leuchtend	Wörtlich in die Oper übernommen.

ausgemalt. Rechts und links Säulengänge mit Statuen und blühenden Sträuchern. Nach hinten offen. Blick auf die Pyramiden.«	
Vorhang: (1) **Eröffnungschor** Versammlung zur Audienz. Offiziere, Schriftgelehrte, Soldaten, Wedelträger, Generäle, Oberpriester. [122] Eine Massenszene, monumentaler Anfang. Radames und Ramfis in der Menge verborgen.	Verdi/Ghislanzoni streichen die Massenszene! **1. Introduktion und Szene** Ramphis und Radames unterhalten sich zur Begleitung der Celli in polyphonem vierstimmigem Satz.[123] Die Rede ist von einem Äthiopieneinfall. Bald naht der Bote.[124] Isis hat schon den Feldherrn bestimmt. **2. Romanze** Rhadames träumt: »Wenn ich jener Feldherr wäre!« und: »*Celeste Aida.*«[125] Die zwei Seelen in Radames' Brust: Kriegsruhm und Liebe.
(2) **(Duett) Amneris Rhadames** »In den letzten Takten des Chores ... betritt Amneris die Bühne«. Amneris macht Radames Avancen, R. antwortet kühl. Zweifel Amneris'. Aida wird sichtbar. »ein flammender Blick von Radames« – Amneris ahnt die Wahrheit	**3. Duett Amneris Rhadames** Amneris macht Radames Avancen. Radames erzählt seinen Tagtraum. Amneris: sonst beschäftigt dich nichts? Auftritt Aida. Getreue Umsetzung der Vorlage
(3) **(Terzett)** Amneris, Aida, Radames – jeder für sich drücken ihre Liebe und Qual aus	**4. Terzett** Getreue Umsetzung der Vorlage
(4) **Auftritt Offizier (Rezitativ):** Der König will einen Boten empfangen.	entfällt (Entbehrlich, weil das schon in Nr. 1 zur Sprache kam.)
(5) Große Szene. **Auftritt König, Leibwache. (Vermutlich Chor) (Rezitativ) des Boten**	**5. Szene und Ensemble** Auftritt König (Fanfare) in großer Begleitung (»Alta cagi-

Abb. 25: Bühnenbildentwurf von NN
zur Triumphszene des 2. Akts. Kairo 1871.

Die Meldung eines feindlichen Angriffs (Invasion, Verwüstung. Unbesiegbarer Feldherr Amounasro an der Spitze. (Aida erbleicht: *il suo padre*)
(Rezitativ oder Arie) König: trifft die Entscheidung zum Gegenschlag![126] Erinnert an Ruhm und Ehre der Pharaonen. R. soll als Feldherr die Armee führen. Vorher in den Tempel zum Segnen der Waffen und Schutzanrufung des Allerhöchsten (römisches Kriegsritual)
Chor als Szenenschluss.

on«).[127] Auftritt Bote. Bericht mit Chor-Einlagen. Aida: *Mio padre*! Der Chor fordert: **Guerra, guerra, guerra!**

König beruft Radames zum Feldherrn.
Kriegshymne (Marsch)[128] *Su del Nilo al sacro lido/accorrete, Egizii eroi*
Ensemble, Chor: »*Guerra Guerra Guerra!*«

Aida bleibt allein zurück. **(Arie)** und verleiht ihren Qualen Ausdruck. Dem Vater – dem Geliebten folgen?; jeder Ausgang ist ihr Verhängnis

6. Szene und Romanze. Aida allein. Singt auf das Aida-Thema »e l'amor mio?«

Zweites Bild
Das Innere des »Vulkantempels«. »Mystisches Tageslicht« das von der Decke hereinfällt. (Halbdunkel).[129] »In der Mitte der Bühne erhebt sich auf teppichbedeckten Stufen der Altar«[130] –Weihrauch brennt in goldenen Dreifüßen.

Große Tempelszene
Ramfis kniet auf den Stufen des Altars
(Gesang) von weitem Harfenklänge + Stimme der Priesterin **»in schwerem, fast klagenden Ton rezitieren die Priester fromme Litaneien«**
Eintritt R. ohne Waffen.
Heiliger Tanz der Priesterinnen.
Kopf des jungen Hauptmanns wird mit einem Silberschleier bedeckt[131] (**Gesang** Ramfis) Hymnus an den Höchsten Gott.
(**Arie** R) Anrufung, Entschlossenheit
Chor: »die religiösen **Gesänge** beginnen wieder. Wieder erklingen die **Harfen** aus der dunklen Tiefe. Unter dem gewaltigen Klang der Stimmen und der Instrumente umgürtet Ramphis Radames mit den Kriegswaffen«.

Zweiter Akt
Die Handlung spielt in Theben.
Stadttor. Triumphbogen.[135] Thron-Estrade. Im Hintergrund die Säulen des großen Ammontempels.

Zweite Szene
Bühnenanweisungen wörtlich übernommen.

7. Tempelszene und erstes Finale
Hohepriesterin (innen) stimmt eine Litanei[132] an.
Ramfis und Priester (außen) respondieren[133]
Heiliger Tanz der Priesterinnen

Eintritt R. ohne Waffen.

Tanz der Priesterinnen.
Ramfis überreicht Radames »das hl. Schlachtschwert«[134]
Rezitativ und Chor. Radames, Ramfis, Chor
Litanei wie Anfang.

Große Triumphszene
(Chor) Volk versammelt in Erwartung des Königs und des heimkehrenden Feldherrn
(Arie/Rezitativ) Auftritt Amneris. Noch stärkere Liebe – bohrende Zweifel.

(Duett) Ruft Aida herbei, will sie auf die Probe stellen: »Radames ist tot.« Aida verzweifelt. Alles klar: sie muß sterben.

Auftritt König. »Lärm von ferne signalisiert Ankunft der Truppen«

»Großer Marsch zum Geschmetter von Fanfaren«. Radames erscheint auf einer Sänfte von 16 Offizieren getragen. König umarmt ihn, ernennt ihn zum »Retter des Vaterlands, Sieger der Sieger« (römisches Brauchtum)

Ballett »Tänzer im großen ägyptischen Kostüm zeigen vor den entzückten Zuschauern ihre Tänze«
König bleibt mit Amneris (+Gefolge, darunter Aida). Vorführung der Gefangenen. Aida erkennt ihren Vater. Entdeckt Vaterschaft, aber nicht Identität. Amonasro bleibt inkognito.

(in der Oper umgestellt: Nr. 10)

»Saal in der Wohnung von Amneris«[136]
Haremszene.
Nr. 8 Introduktion. Szene, Frauenchor und Tanz der Mohrensklaven (alla turca)
Zweite Szene: Auftritt Aida.
Nr. 9 Duett Amneris-Aida.
Aida singt ihr Thema »amore, amore, gaudio, tormento«

10. Zweites Finale: Große Triumphszene Das Stadttor von Theben. Triumphbogen. Thron-Estrade. Im Hintergrund die Säulen des großen Ammontempels.[137] Fanfare.
Auftritt König, Minister, Priester, Offiziere, Wedelträger, Standartenträger usw.
Chor des Volkes
Chor der Priester mit Ramphis
Triumphmarsch der Krieger
Tanz alla turca/ongharese
Chor der Priester: »*grazie agli dei*«
Auftritt Radames *sotto un baldachino portato da dodici Ufficiali.*
Chor (»Gloria«). Dazu Priester: »*grazie agli dei rendete*«
Der König verspricht: Jeder Wunsch soll erfüllt werden.
Vorführung der Gefangenen.
Nochmals Priester »*grazie agli dei*« Aida und Amonasro erkennen sich und flehen zum König um *pietà*.
Radames bittet um Begnadigung

König begnadigt die Gefangenen aufgrund von Aidas Bitten zu Sklaven der Palastgarde.
Erneute Fanfaren zum Auszug. (Auch Radames ab.)

der Gefangenen, Ramphis protestiert.
König begnadigt Gefangene und verspricht Radames Tochter und Krone.
Chor und Ensemble
Triumphmarsch zum Auszug

Dritter Akt
die Handlung spielt in Theben Garten des Palastes. Links schräg ein Pavillon. Der Nil im Hintergrund. Am Horizont die libysche Bergkette, von der untergehenden Sonne hell bestrahlt. Statuen, Palmen, tropische Sträucher

Dritter Akt
Am Ufer des Nils. Granitfelsen, zwischen denen Palmbäume wachsen. Auf dem Rücken des Felsens ein Isistempel, halb im Laub verborgen. Nacht. Mondschein.[138]

11. Introduktion, Gebet und Romanze
Exotisch klingendes Vorspiel. Chor und Vorsängerin: Gebet an Isis. Ramphis, Amneris. Alle gehen in den Tempel. Liebe, Macht und Religion.

Aida wartet voll Sehnsucht auf Radames (viele weitere inhaltliche Vorgaben)

Rezitativ und Arie der auf Radames wartenden Aida: »O patria, mai più ti riverro«

Aber es ist nicht Radames der kommt, sondern Amonasro. »Er trägt den geflochtenen Bart der Äthiopier; seine nach hinten gekämmten schwarzen Haare sind über der Stirn von einem roten Band zusammengehalten. Sagt Aida, dass neue Revolte geplant ist. Radames soll wieder gegen Äthiopien marschieren. Ruft Heimat in Erinnerung, trauernde Mutter, Götter … Aida soll Radames' Liebe nutzen, um Marschweg zu erfahren. Aida willigt ein.

12. Duett Aida Amonasro
ziemlich wörtliche Ausführung von Mariettes Vorgaben, gesteigert in erbarmungslose Erpressung *Non sei la mia figlia! Dei Faraoni tu sei la schiava!* (vgl. die Königin der Nacht: »Verstoßen sei auf ewig. Verlassen sei auf ewig! Zertrümmert sein auf ewig alle Bande der Natur!«) Aida bricht zusammen, stammelt tonlos *pietà*. Anders als Pamina gibt sie nach.

Die folgende Szene zeigt uns Aida und Radames. Aida droht

13. Duett Aida, Radames
Hier weicht die Oper von Mari-

und bittet abwechselnd. Sie fasziniert ihren Geliebten, reißt ihn hin, bezwingt ihn. Von Liebe überwältigt, wirft Radames sich ihr zu Füßen. Nicht das Vaterland, die Welt nicht, nicht die heiligen Eide, die ihn binden, sind so wertvoll wie ein Blick, ein Lächeln von ihr. Vergebens beschwört sie die Ehre. Er verleugnet seinen König, seinen beschworenen Glauben und als Gegengabe erbittet er von den Göttern nur die Liebe derjenigen, um derentwillen er sterben will.

Amounasro erscheint. Radames wird schuldbewusst, wankelmütig. Aida blickt ihn flehend an. Radames verrät Marschweg (»Napatas dunkle Schluchten, beherrscht von undurchdringlichen Wäldern«), schmiedet Komplott. Alle ab.

Auftritt Amneris, hat alles belauscht. Schreckliche Rache. Aida und Radames sollen sterben.

Vierter Akt

Die Handlung spielt in Memphis

Erstes Bild

Saal im Palast. Rechts niedrige Tür in den Raum der Urteile. Im Hintergrund ein erhöhter Stuhl zu dem man über zwei Treppen gelangt. Vor dem Stuhl stehen

ettes Vorlage ab. Aida verführt nicht, sondern weist Radames eher ab: »T'arresta, vanne, che speri anchor?« Radames entwickelt seinen törichten, uneinfühlsamen Plan: Neuer Sieg, neuer Triumph, Aida als Preis. Aida macht einen Gegenvorschlag: *Fuggire! Foreste virgini, fiori perfumate* – Nubien als Liebesparadies. Radames widerstrebt. Schließlich – *fuggiamo – vieni meco.* Aida: *per qual via eviterem …?* Der Marschweg wird morgen verlassen sein. *E quel sentier? Le gole di Nápata.* (Mit dem Vorschlag eines Fluchtwegs verrät Radames ungewollt den Marschweg des ägyptischen Heeres).[139]

Auftritt Amonasro. Hat den Marschweg erfahren. R. bestürzt. Merkt erst jetzt, dass »il padre« der äthiopische Fürst Amonasro selbst ist. Wird sich seines ungewollten Verrats[140] bewusst. Das darf nicht wahr sein! Höchste Verwirrung, Verzweiflung.

Auftritt Amneris und Ramphis. Amneris: »*Traditor!*« Amonasro will Amneris töten, Radames hindert ihn, schickt Aida und Amonasro weg und lässt sich gefangennehmen.

Vierter Akt

Saal im Königspalast. Links eine große Tür, die in den unterirdischen Gerichtssaal führt. Rechts ein Korridor, der zum Gefängnis von R geht.

auf Granitsockeln zwei Bronzestatuen, die einen stellen die Gerechtigkeit dar, die andere die Wahrheit.[141]
Gespräch der Beamten. König zog statt Radames in den Krieg. Äthiopien ist besiegt, Amonasro getötet, Aida verschwunden. Radames wartet im Gefängnis auf seine Strafe. Höflinge ab.
Auftritt Amneris. Ihre Liebe zu Radames ist ungebrochen. »Eine unbekannte Verwirrung regt sich mehr und mehr in ihrem Herzen«. Radames soll kommen. Vergebens – »Radames zerreißt den Schleier: es ist Aida die er liebt«. Für sie stirbt er glücklich. Amneris: Soll das Gericht seinen Lauf nehmen!
Priester und Richter mit Ramphis an der Spitze ziehen im Hintergrund vorbei und verschwinden durch die niedrige Tür rechts.
Soldaten fesseln Radames und führen ihn ab.
Amneris erwartet mit Angst den Ausgang des Prozesses. Gerichtshof nimmt seine Plätze ein. Radames wird hereingeführt. Ramphis spricht das Verdammungsurteil. Verräter an König und Vaterland, Verräter an seinen Eiden. Auf Geheiß der Götter: lebendig begraben im Keller des Tempels.

Zweites Bild. Keller. Lange Gewölbe verlieren sich im Dunkel des Hintergrunds. Links und rechts erkennt man mühsam

14. Szene und Duett.
Auftritt Amneris: *Allegro agitato e presto.* Soll Radames sterben oder leben?
Auftritt Radames (von Wachen begleitet). »Rette dich!« »Das kann ich nicht!«

15. Gerichtsszene
Amneris allein. Verzweifelt. Sieht:
Ramphis und die Priester schreiten über die Bühne, um in das unterirdische Gewölbe zu gehen.
Gesang von Ramphis und Priestern im Gewölbe (Gebet)
Radames geht in das Gewölbe.
Das Verhör: Dreimal ertönt der Aufruf »Radames, Radames, Radames!« und die Anklage des Hochverrats. »Rechtfertige dich!« Durch sein Schweigen bestätigt Radames den Verdacht: *Traditor*!
So ergeht der Urteilsspruch.
Empörter Protest der Amneris.
Verwandlung. Zwei Etagen. Oben: Vulkantempel in Gold und Lichterglanz. Unten: Gewölbe. Lange Bogengänge, die

die Eingänge dunkler Gänge, Kolossalstatuen des Osiris mit über der Brust gekreuzten Händen befinden sich an Pfeilern, die die Decke tragen.[142]	sich im Dunkeln verlieren. Kolossalstatuen des Osiris mit nach oben gekreuzten Händen stützen die Säulen der Wölbung.
Radames ist allein. Der unglückselige Stein ist über ihm geschlossen worden. Tod ist Erlösung. Das Bild Aidas durchzieht sein Herz. Der Schrecken, der Hunger, der schauerliche Ort lassen in dem bereits kranken Hirn eine seltsame Vision erscheinen ... Aida ... ein Traum? Nein: da seine Hand sie berührt, verschwindet die Vision. Sie ist's! Hat sich hier versteckt, wartet schon seit 4 Tagen. Die beiden Liebenden sterben, sehen den Himmel sich öffnen, und ein ewiges Glück beginnt für sie. Im Sterben hören sie die Gebete der Priester	Nr. 16 Szene, Duett und letztes Finale. Radames glaubt »una larva, una vision« zu sehen: »Son io!« – Aida ist es. Beglückt gehen sie in den Liebestod. Die Details mit den 4 Tagen entfallen. Von fern die Litanei

In welcher Weise wird nun das alte Ägypten in der Handlung und in Verdis Musik ästhetisch realisiert? Die Handlung hat mit ägyptischen Quellen nichts zu tun. So große Mühe sich Mariette mit den Kostümen und dem Szenario gegeben hatte, so wenig kümmert sein Handlungsentwurf sich um antiquarische Genauigkeit. Das beginnt schon mit der Geographie. Die Szene spielt bald in Memphis, bald in Theben, als handelte es sich um Stadtteile derselben Residenz, dabei liegt eine Distanz von 622 km zwischen diesen Orten, deren Überbrückung unter historischen Bedingungen Wochen erfordert hätte. Verdi ist selbst misstrauisch und schreibt an Giulio Ricordi: »Fragt euren Freund noch einmal, ob es wirklich nur 115 Meilen von Memphis bis Theben sind. Ich dachte, es wäre weiter, aber ich muß mich beim Rechnen geirrt haben.«[143] Den krassesten Fall stellt in dieser Hinsicht das äthiopische Napata mit seinen »Schluchten« (gole) dar, wo, von Theben aus gesehen, am nächsten Morgen eine Schlacht stattfinden soll. Napata liegt im Zentralsudan, am 4. Katarakt. Über diese Details setzte sich Mariette souverän hinweg, übrigens wider besseres Wissen. Er hatte nämlich einige Jahre zuvor die gewaltige Siegesstele des Piye, Königs von Äthiopien, nach Ägypten bringen lassen, die ein sudanesischer Offizier auf Heimaturlaub im Jahre 1862 in Napata (Gebel Barkal) gefunden hatte. In diesem Text, mit dem sich Mariette intensiv beschäftigt hatte, wird die Strecke Theben – Napata mehrfach zurückgelegt und auf drei Monate veranschlagt. Jedenfalls erklärt sich daraus, wie Mariette auf Napata verfiel. Auf die historische Authentizität der Handlung kam es ihm nicht an.

Lebendig Begrabenwerden ist als Todesstrafe im Alten Ägypten unbekannt. Mariette verfiel auf diesen Gedanken vermutlich, um seine Serapeum-Krypten ins Spiel bringen und Radames und Aida einen gemeinsamen Liebestod à la Tristan und Isolde sterben lassen zu können. Ähnlich steht es mit den Namen der Protagonisten. Nach Mariettes eigener Auskunft soll »Aida« ägyptisch sein: »Aida ist ein ägyptischer Name. Von rechts wegen sollte er Aita heißen, doch wäre seine Aussprache zu hart und die Sänger würden ihn unvermeidlich in Aida verwandeln.«[144] An was für einen ägyptischen Namen Mariette hier denkt, kann man nur vermuten. ᶜÁida (mit Ayin, wie der Name auch auf den arabischen Programmzetteln wiedergegeben wird) jedenfalls ist ein arabischer Name. Vermutlich hieß eine Favoritin des Khediven so,

Abb. 26: Bühnenbildentwurf zum IV. Akt: der Ptahtempel in Memphis

und Mariette glaubte den Namen im altägyptischen Namenrepertoire wiederfinden zu können.[145] Radamès und Amneris sind Abwandlungen der ägyptischen Namen Ramses und Amenirdis bzw. »Amneritis« wie Mariette diesen Namen las[146] im Interesse besserer Aussprechbar- bzw. Singbarkeit. Amenirdis hieß übrigens eine echte äthiopische Prinzessin, die Tochter des Königs Kaschta von Napata, deren in Theben gefundene Alabasterstatue eins der Glanzstücke in Mariettes Museum darstellte. Amounasro ist der einzige authentische Name (heute Amanislo gelesen): so hieß ein äthiopischer (meroitischer) König (260–250 v. Chr.); ein von ihm usurpierter Granit-Löwe aus Gebel Barkal, ursprünglich von Tutanchamun, steht im Britischen Museum. Amonasro wird in seiner wilden äußeren Erscheinung von Mariette als Kontrast zu den prunkvoll-zivilisierten Ägyptern angelegt. Interessanterweise trägt der Pharao (»Il Re«) keinen Namen. Auch damit wird klargestellt, dass die Handlung keinen Anspruch auf historische Authentizität erhebt.

Verdis Versuche, das alte Ägypten auch tonsprachlich anzudeuten, beziehen sich keineswegs auf die gesamte Oper, sondern nur auf einige herausgehobene Nummern.[147] Hierfür setzt Verdi drei spezifische musikalische Idiome ein, um spezifische Situationen oder Gruppen zu charakterisieren. Das auffallendste dieser zitierten Idiome ist die »Ägyptische Musik«. Sie erklingt, wie gesagt, nur in einzelnen, herausgehobenen Nummern und bildet kein durchgehendes Element der musikalischen Dramaturgie. Das sind einmal die liturgischen Gesänge: im zweiten Bild des ersten Aktes, als Radames im Ptah-Tempel zu Memphis die heiligen Waffen empfängt (von einer solchen Zeremonie ist ägyptisch nichts überliefert) und zu Beginn des dritten Aktes, als Ramfis und Amneris im Isis-Tempel am Nilufer zu Theben (bzw. eher Philae) vor der Hochzeit die Gottheit um Segen bitten; das »Ägyptische« daran ist die Harfenbegleitung, der Chromatismus der Melodik und der Verzierungen, sowie der monodische Gesang. Der Hymnus an Ptah ist in drei Strophen aufgebaut. Er ist antiphonisch gegliedert. Die Vorsängerin singt eine Anrufung: *Possente Ftha, del mondo spirito animator* (mächtiger Ptah, Geist, der die Welt beseelt), die Priesterinnen respondieren: *noi t'invochiamo* (dich rufen wir an) und die Priester antworten im Stil griechisch-orthodoxen Gesangs, den Verdi offenbar als orientalisch empfunden hat, mit einer weiteren Anrufung: *Tu che dal nulla hai tratto l'onde, la terra, il ciel, noi t'invochiamo!* (Der du

Notizen

Ingrid
0761/20889814

Cultural centre REX

www.rex.b92.net

aus dem Nichts Meer, Himmel und Erde gezogen hast, dich rufen wir an)!

Auch die Anrufung der Isis zu Beginn des III. Aktes ist antiphonisch. Auf die monodische Anrufung der Priester: *O tu che sei d'Osiride madre immortale e sposa* (O du, die du des Osiris unsterbliche Mutter und Gattin bist – was übrigens unsinnig ist: niemals ist Isis auch Mutter des Osiris) antworten die Priesterinnen mit der Bitte *soccorri a noi pietosa madre d'immenso amor*, hilf uns gnädig, Mutter unendlicher Liebe. Monodisch und zur Harfenbegleitung gesungen ist auch das Lied, das zu Beginn des II. Aktes im Harem der Amneris erklingt. Hierhin gehören ferner die drei Ballett-Szenen: der heilige Tanz der Priesterinnen im Ptah-Tempel – hier besteht das Orientalische im Schwanken zwischen Dur und Moll und gewissen Chromatismen – sowie zwei Tänze im traditionellen *Alla-Turca*-Stil, der Tanz der kleinen Mohrensklaven im Frauengemach (Harem) der Amneris und der Tanz im Rahmen des großen Triumphmarschs im zweiten Bild des zweiten Akts.

In den Tänzen (mit Ausnahme des »heiligen Tanzes«) wird das Ägyptische mit den konventionellen Mitteln der »alla turca«-Tradition erzeugt. Ägyptisch oder zumindest exotisch ist auch das berühmte Vorspiel zum dritten Akt, das »den Duft Ägyptens«[148] und den Zauber einer tropischen Sommernacht einfangen soll. Zirpende Violinen bewegen sich auf G in 3 Oktavschritten. Darüber ahmen Flöten in Quart-, Quint- und Oktavsprüngen Vogelstimmen nach.

Das zweite musikalische Idiom, das Verdi in dieser Oper einsetzt, könnte man »Nationalästhetik« nennen, das musikalische Äquivalent zu der sich in Fahnen, Feldzeichen, Denkmälern, Nationalfeiertagen, Paraden usw. im 19. Jahrhundert entfaltenden Repräsentation der Nation und ihres »Imaginaire« als einer neuen Form politischer und sozialer Einheit. Hierhin gehören die beiden Hymnen »im Stil der Marseillaise«[149], die Kriegshymne »*Su! Del Nilo al sacro lido*« und die Triumph-Hymne »Gloria all Egitto, ad Iside«, der berühmte Triumphmarsch und die militärischen Fanfaren, die Radames' Romanze im ersten Akt begleiten und die Auftritte des Königs einleiten. Dieses Idiom ist natürlich in keiner Weise orientalisierend, aber es charakterisiert Ägypten im Sinne eines machtvollen imperialistischen Nationalstaats. Verdi komponiert in diesem Zusammenhang eine unverkennbar politische Musik. Wir dürfen nicht vergessen, dass Verdi selbst als italienischer Komponist zu einer politischen Institution geworden war. Die Buchstaben seines Namens, V.E.R.d'I., wurden als Abkürzung für Vittorio Emmanuele Re d'Italia und als Parole des Risorgimento auf die Hauswände geschrieben. Die Parole des nationalistischen Engagements heißt »Gloria«, und »gloria« bildet die zentrale *parola scenica* des II. Akts. Wieweit Verdi die lärmende Nationalästhetik in ihrem militärischen Fanfarengeschmetter und ihren donnernden Orchestertuschs karikiert oder zumindest leicht ironisiert, oder ob er mit vollem Ernst dahinter steht, ist nicht leicht zu entscheiden. Auf diese Frage komme ich noch einmal zurück. Jedenfalls handelt es sich auch hier um »zitierte Musik«, wir haben sie gewissermaßen in Anführungszeichen zu hören.

Ebensowenig orientalisierend ist das dritte Idiom, das Verdi zur Charakterisierung der Priester einsetzt. Hier handelt es sich um das allgemeine Prinzip der streng kontrapunktischen Satzweise »à la Palestrina«[150], das die starre Gesetzgebundenheit des Priestertums charakterisieren soll, an der Radames und Aida schließlich scheitern werden. Dazu muss man wissen, dass Verdi das Priestertum hasste. So großartig diese Fugen im polyphonen Kirchenstil klingen, so handelt es sich hier doch um eine Art Hassmusik. Wenn in der Triumphszene die Priester den Dank an die Götter einfordern, so spielt das auf Kaiser Wilhelm I. an, den Verdi dafür verabscheute, dass er in seinen Telegrammen Gott für den Sieg über Frankreich dankte.[151]

Das Priestertum wird nicht nur durch kontrapunktischen Stil, sondern auch durch ein Leitmotiv charakterisiert. Verdis Leitmotivtechnik hat mit Wagners wenig zu tun; bei Verdi werden die Leitmotive nicht abgewandelt und musikalisch verarbeitet, sondern unverändert als Erkennungsmelodien eingesetzt, die Personen und Stimmungen kennzeichnen sollen. Sie stehen wie auch die verschiedenen Idiome im Dienste maximaler Deutlichkeit und Charakterisierung. Zwei dieser Leitmotive, das *Aida*-Motiv und das Priestermotiv, bestimmen in ihrem Kontrast bereits das kurze Vorspiel, das übrigens darin an die Ouvertüre von Glucks *Iphigenie in Aulis* erinnert. Deren Struktur hatte Ivan Nagel als Kontrast zwischen einem leidend-zarten und einem ehern dahinschreitenden Motiv charakterisiert; besser kann man auch das *Aida*-Vorspiel nicht beschreiben.[152]

Alle drei musikalischen Sondersprachen, die Verdi in dieser Oper einführt, stehen im Dienst einer Charakterisierung Ägyptens. Das versteht sich für das exotisch-orientalisierende Idiom mit seinen Varianten der monodischen Gesänge und der Tänze »alla turca« von selbst, es gilt aber auch für die staatlich-militärische »Nationalästhetik« und den gelehrten Kirchenstil der Priester. Damit wird Ägypten in seiner Staatlichkeit, seiner Exotik und seiner theokratischen Verfassung beschworen.

Was ist das nun für ein Ägypten, das hier mit den Mitteln der Grand Opéra auf die Bühne gebracht wird? Das Ägypten der Oper ist eine strikte Theokratie. Diesen Zug kehrt die Oper gegenüber Mariettes Vorlage noch wesentlich schärfer heraus. Ramphis ist als Hohepriester der Isis der eigentliche Machthaber, der König und das Heer Marionetten in den Händen der Priesterschaft, die alle Fäden spinnt und Drähte zieht. Die Priesterschaft wird schon im Vorspiel als die eigentliche Gegenmacht der Liebe herausgestellt. »*La sacra Iside gia consultasti*?«, lauten die ersten Worte des Radames, dem Ramfis das Gerücht vom Einfall der Äthiopier berichtet. Die Frage scheint harmlos genug; in Wirklichkeit geht es aber um die Frage der Souveränität. »Souverän ist«, nach der berühmten Definition Carl Schmitts, »wer über den Ausnahmezustand entscheidet«.[153] Ausnahmezustand heißt Kriegszustand. Indem die Göttin Isis den Feldherrn bestimmt, hat sie die weitergehende Entscheidung zwischen Krieg und Frieden bereits gefällt. Pharao hat nichts zu sagen: die Göttin Isis trifft die Entscheidungen. Das alte Ägypten wird als ein Priesterstaat dargestellt, in dessen bedrückender Autorität sich persönlicher Ehrgeiz, Freiheit und Leidenschaft nicht entfalten können.

Wir wollen uns nicht damit aufhalten, dass das alles völlig unhistorisch ist. So einen Priesterstaat hat es in Ägypten allenfalls als Episode gegeben. Im Rahmen der Frage nach kulturellen Inszenierungen des Fremden im 19. Jh. ist allein die Feststellung wichtig, dass *Aida* trotz all diesen historischen Unstimmigkeiten der Handlung eine historische, ja historistische Oper ist. Die Geschichte tritt hier nicht als Ereignis in Erscheinung, sondern als Kultur, als Stil und antiquarisches Detail. Geschichte hat zwei Formen: die erzählende Geschichte, die von den großen

Taten, den staunenswerten Unternehmungen, den schicksalswendenden Ereignissen erzählt, die geistige Form, wie Huizingas berühmte Definition lautet, in der eine Gesellschaft sich Rechenschaft ablegt über ihre Vergangenheit[154], und jene andere Form, die archäologisch-antiquarische Rekonstruktion der Rahmenbedingungen, des Alltagslebens, des »entourage matériel« vom Tempel bis zum Wassernapf, vom Palast bis zur Gürtelspange. Dieser Art sind die Details, die Mariette so besessen gesammelt und mit seiner antiquarischen Besessenheit auch Verdi angesteckt hat. In der Oper *Aida*, so wie sie Mariette vorschwebte, wird die visuelle Präsenz der ägyptischen Monumente und Antiquitäten zur ästhetischen Präsenz des Kunstwerks transformiert und soll entsprechend gewaltige Wirkungen entfalten, hinter die alle hermeneutischen Fragen nach Sinn und Bedeutung der Handlung zurücktreten. Diesen Plan hat Verdi über alle Maßen erfolgreich umgesetzt.

Wenn Hegel sagte, Philosophie sei ihre Zeit in Gedanken gefasst, so kann man vielleicht sagen, die Oper sei ihre Zeit auf die Bühne und zur theatralischen Anschauung gebracht. Das gilt für die Oper noch mehr als für das Drama, weil in der Oper das Element des Präsentativen gegenüber dem Narrativen und Argumentativen in den Vordergrund tritt. Die Oper hat, mit dem Drama verglichen, etwas von einer Ausstellung, einer Bilderfolge, einer zugleich visuellen und klingenden Installation. Durch die Musik wird die Bühnenaktion nicht nur multimedial, sie wird auch immer wieder zum Stillstand gebracht, indem sich gewissermaßen quer zur vorwärts drängenden Handlung musikalisch erfüllte Gegenwart ausbreitet. Dieses präsentative Element tritt in Verdis *Aida* wie in kaum einer anderen Oper in den Vordergrund, weil sie viele Szenen enthält, die ihrerseits bereits eine theatralische Struktur aufweisen und nach einem kulturellen Skript oder Ritual ablaufen (auch wenn dieses Ritual frei erfunden ist). Das gilt übrigens auch für die *Zauberflöte* mit ihrem Initiationsritual. *Aida* enthält in jedem ihrer vier Akte eine derartige Szene: das Ritual einer Feldherrninvestitur im I., das Triumphritual im II., das Gebet im Tempel im III. und der ritualisierte Prozess im IV. Akt. Auf diesen gewissermaßen zitierten Ritualen ruht die Inszenierung des Fremden auf.

Das Prinzip der zitierten Form gilt jedoch auch noch für andere Nummern. Der Chor des Volkes ist eine vollgültige Nationalhymne, die in jedem Fußballstadion mitgegrölt werden könnte, um es einmal bewusst krass auszudrücken, ganz zu schweigen von dem berühmten Triumphmarsch, der ja tatsächlich auf allen möglichen Instrumenten in Fußballstadien erklingt. Das ist zitierte Form. Verdi will hier eine echte Nationalhymne und einen echten Triumphmarsch komponieren, wie sie auch im echten Leben verwendbar wären, ohne alle ästhetische Verfremdung, geradezu im Sinne eines »ready made«. Die Rückübersetzung in lebenspraktische Verwendbarkeit bei allen möglichen politischen und sonstigen Massenveranstaltungen ist ja auch nicht ausgeblieben. Damit verschwindet der für die Oper charakteristische Verfremdungseffekt, dass gesungen wird, wo normalerweise gesprochen würde, zugunsten eines mimetischen Realismus, der das wirkliche Leben darstellen will. Die Menschen auf der Bühne tun genau das, was sie auch im Leben tun würden. Eine Militärkapelle schmettert ihre Fanfaren, das Orchester spielt seine Tuschs, das Volk singt seine Hymnen, das Militär paradiert zu den Klängen eines Triumphmarschs. Hier wird echte, authentische, ungeschönte Nationalästhetik zitiert, und die entsprechenden Stücke werden alsbald in die Nationalästhetik übernommen und erweisen sich auch außerhalb der Oper als voll verwendbar. Diese Musik eignete sich hervorragend zu allen möglichen weiteren nationalistischen Events einschließlich Mussolinis Marsch auf Rom, der sich zu diesem Zweck die *Aida*-Trompeten verschafft hat, um den Marsch stilgerecht spielen zu können.[155] Das ist keine harmlose Musik.

Dasselbe gilt für die ägyptisierenden Szenen: die *alla turca*-Tänze, die Litaneien, die unisono-Chöre. Auch das ist zitierte Form und steht in Anführungszeichen. Auch hier herrscht der rituelle Kontext vor. Die Litaneien erklingen im Tempel, und die Szene im Harem der Amneris führt ein Lied und einen Tanz vor, wo auch im wirklichen Leben gesungen und getanzt würde. Auch hier haben wir es also mit dem realistischen, mimetischen Modus zu tun, jedenfalls was den subjektiv gemeinten Sinn angeht, denn wie ägyptische Musik objektiv geklungen hat, lässt sich nicht mehr sagen.

Dafür lässt sich dieser orientalisierende und antiquarische Realismus aber an der Ausstattung objektivieren, an Bühnenbild, Kostümen und Requisiten, und darauf kam es ja nicht nur Mariette, sondern auch Verdi ganz besonders an. Diese Dinge mussten in ihren Augen hundertprozentig stimmen, damit die Oper als Kunstwerk funktioniert. Hier haben wir es insgesamt mit mimetischem Realismus und nicht mit ironischer Verfremdung zu tun.

Wenn man diesen subjektiv gemeinten Sinn des Kunstwerks als seinen objektiv verbindlichen Sinn anerkennen will, dann gibt es, um *Aida* wirkungsvoll zu inszenieren, nur zwei sinnvolle Optionen: eine doppelte Historisierung, d. h. die Rekonstruktion des Ägyptenbildes und des Orientalismus von 1870 als historisches Phänomen sui generis, oder eine Inszenierung des Ägyptenbildes nach dem Stand der heutigen Ägyptologie. Eine Ausbettung der

Handlung aus dem ägyptischen Rahmen beraubt die Oper ihrer ästhetischen Präsenz. Wenn die Details stimmen, um die sich Mariette und sogar auch Verdi so viele Gedanken machten, dann kann der Gesamteindruck durchaus ins Imaginäre und Phantastische übersteigert werden. Die Oper lebt von »archäologischem Prunk«, wie ihm Thomas Mann für seine Joseph-Romane ausdrücklich abschwören wollte. Dieser archäologische Prunk betrifft nicht nur die Bühnenbilder, sondern auch die Requisiten und Gewänder, die Möbel, Accessoires, Schmuckstücke usw. All das muss im Dienst einer Wiederbelebung uralter Kultur stehen, die im ganzen Glanz ihrer exotischen Fremdheit den Hintergrund zu Verdis Musik abgeben soll. Schon Mariette und Verdi wollten keinen Ägyptenkitsch, sondern ein authentisches, unverkitschtes Ägypten auf die Bühne bringen. Gerade weil die Handlung so unauthentisch ist, investierten sie alle Bemühungen um Authentizität in die Ausstattung. *Aida* ist keine fiktionalisierte Historie wie z. B. *Nabucco* (=Nebukadnezar, immerhin eine historische Figur), sondern eine historisierte Fiktion, d. h. eine erfundene Geschichte, die so genau wie möglich in ein historisches Milieu eingebettet ist und nur als Vorwand dient, um dieses Milieu ästhetisch präsent werden zu lassen.

In Verdis und Mariettes Ägypten gibt es keine Mysterien. Dieses Ägyptenbild ist eine reine Macht- und Prachtdemonstration, wie es der Grundidee der großen Weltausstellungen des 19. Jahrhunderts entspricht. In dieser Oper ist das »authentische« Ägyptenbild der zeitgenössischen Ägyptologie an die Stelle der Ägypten-Imaginationen getreten, die das Abendland auf der Grundlage der griechischen Quellen errichtet hatte. Damit hat auch Ägypten aufgehört, ein Gegenstand der Erinnerung zu sein, und ist zu einem Gegenstand der Forschung geworden.

Abbildungsnachweis

Abb. 1 Glasfenster der Kathedrale von Chartres, nach Nicole Lévis – Godechot, Chartres. Im Lichte seiner Skulpturen und Fenster. Würzburg 1988, Abb. 144.

Abb. 2 Die Himmelskuh; Aquarell von Hay nach einem Wandbild im Grab Sethos' I.

Abb. 3 Anubis setzt die zerrissenen Glieder des Osiris wieder zusammen. Vignette im Papyrus Jumilhac (J. Vandier, Le papyrus Jumilhac, Paris 1962, Tf. VI).

Abb. 4 Tutanchamun und sein Ka vor Osiris, nach J. Assmann, Tod und Jenseits, Abb. 5.

Abb. 5 Bilder 3–8 aus dem Zyklus der Geburt des Gottkönigs im Tempel von Luxor (Amenophis III.), nach H. Brunner, Die Geburt des Gottkönigs bzw. J. Assmann, Ägyptische Geheimnisse, S. 62–65.

Abb. 6 Isis mit dem Horusknaben (Isis Lactans). Kunsthistorisches Museum Wien, ÄOS 6622 nach Katalog »Osiris, Kreuz und Halbmond«, Mainz 1984, S. 17, Kat. Nr. 3.

Abb. 7 Die Wägung des Herzens im Totengericht, Totenbuchpapyrus des Hunefer. J. Assmann, Tod und Jenseits, Abb. 6.

Abb. 8 Der hl. Michael wiegt die Seele: Rogier van der Weyden, Le jugement dernier. Beaune, Les Hospices, nach Yves Christe, Das Jüngste Gericht. Schnell – Steiner 2001, Abb. 187.

Abb. 9 Hieroglyphen, Glaspaste in Holz eingelegt, von einem Sarg (um 350 v. Chr.), nach J. Leclant (Hg.), Ägypten. Spätzeit und Hellenismus, Universum der Kunst, München 1981, Umschlagbild.

Abb. 10 Ägyptische Determinative: Hase und Ente (/Gans).

Abb. 11 Renaissance-Hieroglyphe: Hase, aus Piero Valeriano, Hieroglyphica, Frankfurt 1678, p. 153 (Vigilantia).

Anmerkungen

1 Robert Merton, *Auf den Schultern der Riesen. Ein Leitfaden durch das Labyrinth der Gelehrsamkeit*, Frankfurt 1989, hat dieses Sprichwort durch eine Fülle von Anwendungen hindurch verfolgt.

2 E. Brunner-Traut, *Altägyptische Tiergeschichte und Fabel. Gestalt und Strahlkraft*, Darmstadt 1964, 40f., 56.

3 E. Peterson, *Theologische Traktate*, München 1951, 412f.

4 Vgl. zum Folgenden mein Buch *Tod und Jenseits im alten Ägypten*, München 2001, Kap. 15.

5 H. Beinlich, *Die Osirisreliquien. Zum Motiv der Körperzergliederung in der altägyptischen Religion*, Wiesbaden 1984, 89.

6 Beinlich, *Osirisreliquien*, 147.

7 Beinlich, *Osirisreliquien*, 149.

8 Beinlich, *Osirisreliquien*, 153.

9 Siehe hierzu meinen Beitrag »Zeitkonstruktion, Vergangenheitsbezug und Geschichtsbewußtsein im alten Ägypten«, in: J. A., Klaus E. Müller (Hgg.), *Der Ursprung der Geschichte. Archaische Kulturen, das Alte Ägypten und das frühe Griechenland*, Stuttgart 2005, 112–214.

10 E.H. Kantorowicz, *The King's Two Bodies. A Study in Medieval Political Theology*, Princeton 1957; dt. *Die beiden Körper des Königs. Eine Studie zur Politischen Theologie des Mittelalters*, München 1990.

11 Sir William Blackstone: *Commentaries on the laws of England*, London 1765, zitiert nach: Ernst H. Kantorowicz: *Die zwei Körper des Königs. Eine Studie zur politischen Theologie des Mittelalters* (1957), München Zweite Auflage 1994, S. 37.

12 Zu den beiden Seelenvorstellungen der Ägypter, der »Körperseele« (Ba) und der »Sozialseele« (Ka) s. mein Buch *Tod und Jenseits im alten Ägypten*, 4. Kapitel.

13 S. hierzu Joachim Kügler, *Pharao und Christus? Religionsgeschichtliche Untersuchung zur Frage einer Verbindung zwischen altägyptischer Königstheologie und neutestamentlicher*

Christologie im Lukasevangelium, BBB 113, Bodenheim 1997; Emma Brunner-Traut, Pharao und Jesus als Söhne Gottes, *Antaios* 2 (1961) 266–284.; Thomas Schneider, »Die Geburt des Horuskindes: eine ägyptische Vorlage der neutestamentlichen Weihnachtsgeschichte«, in: *ThZ* 60, 2004, 254–271.

14 Textausgabe: A.M. Blackman, *The Story of King Kheops and the Magicians*, London 1988. Übersetzung z. B. E. Brunner-Traut, *Altägyptische Märchen*, 8. Aufl. München 1989, 43–55.

15 H. Brunner, *Die Geburt des Gottkönigs*, Wiesbaden 1960; Verf., *Ägyptische Geheimnisse*, München 2004, Kap. 3.

16 S. hierzu W. Burkert, Demaratos, Astrabakos und Herakles. Königsmythos und Politik zur Zeit der Perserkriege, *Mus.Helv.* 22 (1955), 166–177.

17 Reinhold Merkelbach, *Isis Regina – Zeus Searapis*, Stuttgart 1995, 185–186.

18 S. hierzu Verf., *Das verschleierte Bild zu Sais. Schillers Ballade und ihre griechischen und ägyptischen Hintergründe*, Stuttgart und Leipzig 1999, 13f.

19 Eduard Norden, *Die Geburt des Kindes. Geschichte einer religiösen Idee*, Leipzig 1924, Darmstadt 1969.

20 Verf., *Tod und Jenseits im Alten Ägypten*, München 2001, insbes. Kap. XVII.

21 Verf., *Ma'at. Gerechtigkeit und Unsterblichkeit im Alten Ägypten*, München 1990.

22 S. hierzu Daniel Boyarin. *Dying for God. Martyrdom and the Making of Christianity and Judaism, Stanford,* Calif. : Stanford University Press, 1999.

23 Jacques LeGoff, *Die Geburt des Fegefeuers*, 2.Aufl. München (dtv) 1991.

24 Lehre für Merikare P 53–57, J.F. Quack, *Studien zur Lehre für Merikare*, Göttingen 1992, 34f.

25 Totenbuch Kapitel 125, s. hierzu *Tod und Jenseits*, 100–115.

26 S. hierzu das reich bebilderte Buch von Leopold Kretzenbacher, *Die Seelenwaage. Zur religiösen Idee vom Jenseitsgericht auf der Schicksalswaage in Hochreligion, Bildkunst und Volksglaube*, [Klagenfurt 1958]. Ich verdanke den Hinweis auf dieses Werk Frau Dr. Eva Hofmann.

27 K. Sethe, *Die altägyptischen Pyramidentexte*, Leipzig 1908–22, Bd. I §459a.

28 S. dazu Verf., *Tod und Jenseits*, 504–518, sowie *Ägyptische Geheimnisse*, München 2004, Kap. 6.

29 Aleida Assmann, *Erinnerungsräume. Formen und Wandlungen des kulturellen Gedächtnisses*, München 1999.

30 Verf., *Weisheit und Mysterium. Das Bild der Griechen von Ägypten*, München 2000.

31 Was Griechenland betrifft, s. Martin Bernal, *Black Athena: The Afroasiatic Roots of Classical Civilization*, vol. 1: *The Fabrication of Ancient Greece, 1785–1985*; vol. 2: *The Archaeological and Documentary Evidence*. New Brunswick: Rutgers UP, 1987–1991.

32 Vgl. Verf., *Weisheit und Mysterium. Das Bild der Griechen von Ägypten*, München 2000.

33 Zum Folgenden s. auch Aleida Assmann, Verf. (Hgg.), *Hieroglyphen. Stationen einer anderen abendländischen Grammatologie*, München 2003; Eric Iversen, *The Myth of Egypt and its Hieroglyphs in European Tradition*, Copenhagen: Ced Gad Publ., 1961 = Princeton: Princeton UP, 1993.

34 H.-J. Thissen, *Des Niloten Horapollon Hieroglyphenbuch* Bd. I, Leipzig und München 2001.

35 Zur Unterscheidung zwischen »mittelbarer« und »unmittelbarer Siginifikation« s. Aleida Assmann, *Die Legitimität der Fiktion. Ein Beitrag zur Geschichte der literarischen Kommunikation*, München 1980, 57–77.

36 So versteht auch Rabelais die Hieroglyphen: »Gar anders hieltens im Altertum die weisen Aegyptier, wenn sie mit Lettern schrieben, welche sie hieroglyphische nannten, welcher nicht jeder verstund, der nicht die Tugend, die Natur und Eigenschaft der unter denselben versteckten Ding wußt, und jeder verstund.« F. Rabelais, *Gargantua und Pantagruel*. Aus dem Französ. von G. Regis, hg. v. L. Schrader, München 1964, 32f.

37 Giordano Bruno, *De Magia* (Op. lat., vol. III, 411–412), zitiert nach Elisabeth von Samsonow, *Giordano Bruno*, Köln 1995, 127f. vgl. Frances Yates, *Giordano Bruno and the Hermetic Tradition*, Chicago 1964, 263.

38 Plotinus, »Von der geistigen Schönheit«: Enneades V, 8, Übersetzung von R. Harder, *Plotins Schriften*, Bd. III, Hamburg 1964, S. 49–51.

39 Marsilio Ficino, *In Plotinum V, viii*, = P.O. Kristeller, *Supplementum Ficinianum. Marsilii Ficini Florentini philosophi Platonici Opuscula inedita et dispersa*, 2 Bde. (Florence: Olschki, 1937–45 repr. 1973) 1768, zitiert nach Liselotte Dieckmann, *Hieroglyphics. The History of a Literary Symbol*. St Louis: Washington UP, 1970, 37. Vgl. Edgar Wind, *Heidnische Mysterien in der Renaissance*, Frankfurt 1981, S. 237–239 und Moshe Barasch, *Icon. Studies in the History of an Idea*, New York und London, S. 75.

[40] S. hierzu H. A. Schlögl, *Der Sonnengott auf der Blüte. Eine ägyptische Kosmogonie des Neuen Reichs*, AH 5, Basel/Genf 1977.

[41] Vgl. hierzu Verf., »Hierotaxis. Textkonstitution und Bildkomposition in der ägyptischen Kunst und Literatur«, in: J. Osing, G. Dreyer (Hrsg.), *Form und Mass. Beiträge zu Sprache, Literatur und Kunst des alten Äypten* (Fs. Gerhard Fecht), Wiesbaden 1987, 18–42.

[42] O. Goldwasser und M. Müller, »The Determinative System as a Mirror of World Organization«, in: *Göttinger Miszellen* 170, 1999, S. 49–68.

[43] S. hierzu Verf., »Pictures versus Letters: William Warburton's Theory of Grammatological Iconoclasm«, in: Verf., Albert I. Baumgarten (Hg.), *Representation in Religion, Studies in Honor of Moshe Barasch*, Leiden 2001, 297–311.

[44] Bibl. Historica III, 3 s. A. u. J. Assmann, *Hieroglyphen*, 33.

[45] Clemens Alexandrinus, *Strom.* Buch 5, Kap. 4 §20.3 = *Stromata* I-VI. hg. v. Otto Stählin, neu hg. v. Ludwig Früchtel, 4. Aufl. mit Nachträgen von Ursula Treu, Berlin 1985, 339.

[46] Siehe hierzu Sauneron, S. (1982), *L'écriture figurative dans les textes d'Esna*, Esna VIII, Kairo.

[47] K. Sethe, *Dramatische Texte zu altägyptischen Mysterienspielen*, Leipzig 1928; H. Junker, *Die Götterlehre von Memphis*, Sitzungsber. d. Preuss. Ak. d. Wiss. Jg. 1939 Nr. 23.

[48] A.H. Gardiner, *Ancient Egyptian Onomastica*, Oxford 1947, S. 1.

[49] Diodorus Siculus, *Bibl. Hist.* I, 96–97; vgl. auch Walter Burkert, *Die Griechen und der Orient*, München 2003, 79–106.

[50] Vgl. für diese Perspektiven auch Erik Hornung, *Das esoterische Ägypten. Das geheime Wissen der Ägypter und sein Einfluß auf das Abendland*, München 1999, sowie mein Buch *Moses der Ägypter. Entzifferung einer Gedächtnisspur*, München 1998, bes. Kap. 3–5.

[51] S. hierzu Winfried Schröder, *Ursprünge des Atheismus. Untersuchungen zur Metaphysik- und Religionskritik des 17. und 18. Jahrhunderts*, Questiones Themen und Gestalten der Philosophie II, Stuttgart-Bad Cannstadt: frommann-holzboog, 1998.

[52] Jakob Friedrich Reimmann, *Idea Systematis Antiquitatis Literariae Specialioris sive Aegyptiacae Adumbrati*, Hildesheim 1728. Zu Reimmann s. Martin Mulsow und Helmut Zedelmaier (Hrsg.), *Skepsis, Providenz, Polyhistorie: Jakob Friedrich Reimmann* (1668–1743), Tübingen 1998.

[53] Martin Mulsow, Moderne aus dem Untergrund. Radikale Frühaufklärung in Deutschland 1680–1720, Hamburg 2002.

[54] William Warburton, *The divine legation of Moses demonstrated on the principles of a religious deist, from the omission of the doctrine of a future state of reward and punishment in the Jewish dispensation*. London, 1738–1741, Book II.

[55] Christoph Riedweg, Jüdisch-hellenistische Imitation eines orphischen hieros logos – Beobachtungen zu OF 245 und 247 (sog. Testament des Orpheus). *Classica Monacensia* 7, Tübingen 1993, 26–27.

[56] [Carl Friedrich Köppen], *Crata Repoa oder Einweihungen in der alten geheimen Gesellschaft der egyptischen Priester*, Berlin 1778, 8f.

[57] Christoph Meiners, *Über die Mysterien der Alten, besonders die Eleusinischen Geheimnisse*, Vermischte philosophische Schriften III, Göttingen 1776.

[58] [Johann August Starck], *Über alte und neue Mysterien*, Berlin: Maurer 1783.

[59] John Spencer, *De Legibus Hebraeorum Ritualibus et earum rationibus libri tres,* Cambridge 1685. Zu Spencer s. mein Buch *Moses der Ägypter*, 2. Kapitel.

[60] *De tralatitiis ex gentilismo in religionem Christianam.*

[61] Hierzu Florian Ebeling, *Das Geheimnis des Hermes Trismegistos – Eine Geschichte des Hermetismus von der Antike bis zur Neuzeit*, München 2005.

[62] Johann Heinrich Jung, gen. Stilling, *Sämmtliche Werke* Bd. IV-V, Das Heimweh, Stuttgart 1841 [Marburg 1794–96].

[63] [Abbé Jean Terrasson,], *Séthos. Histoire ou vie, tirée des monuments, Anecdotes de l'ancienne Égypte; Ouvrage dans lequel on trouve la description des Initiations aux Mystères Égyptiens, traduit d'un manuscrit Grec.* 1731, nouvelle édition, corrigée sur l'exemplaire de l'auteur, Paris: Desaint, 1767. Übersetzung von Matthias Claudius, *Geschichte des egyptischen Königs Sethos*, Breslau 1777/78.

[64] Über dieses Motiv handelt Elisabeth Staehelin, Zum Motiv der Pyramiden als Prüfungs- und Einweihungsstätten, in: Sarah I. Groll (Hg.), *Egyptological Studies Presented to Miriam Lichtheim*, Jerusalem 1990, 889–932.

[65] Dolf Lindner, *Ignaz von Born – Meister der Wahren Eintracht. Wiener Freimaurerei im 18. Jahrhundert*, Wien 1986; Edith Rosentrauch-Königsberg, »Eine freimaurerische Akademie der Wissenschaften in Wien«, in: Dies., *Zirkel und Zentren. Aufsätze zur Aufklärung in Österreich zu Ende des 18. Jhs*, hg. v. Gunnar Hering, Wien: Deuticke [1990], 67–87.

[66] »Die Mysterien der Aegyptier«, *Journal für Freymaurer* 1, 1784, 15–132.

[67] Auf der Grundlage einer legendenhaften Überlieferung, in der verschiedene Könige der äg. Geschichte wie Sesostris I, III, und Ramses II. zusammenfließen, und die bereits bei Herodot begegnet. Eine Idealgestalt, die nicht nur, wie v. Born schreibt, »weise, gütig und gerecht«, sondern ein Feldherr war, dessen Eroberungen die Taten Alexanders des Großen noch in den Schatten stellen.

[68] Die Übertragung der von Josephus überlieferten Legende von den Säulen des Seth auf Hermes geht auf arabische Philosophen des Mittelalters zurück.

[69] »siriadisch«, von »Sirius« = Süden, Ägypten.

[70] Manetho hg. und übers. von W.D. Waddell, Loeb Classical Library, Cambridge Mass. 1964, Appendix I, p. 208f.

[71] An der angegebenen Stelle (I.56) steht nichts dergleichen bei Diodor. Dieser erwähnt die berühmte Gaueinteilung der Ägypter in I.89, schreibt sie aber einem »besonders schlauen« Herrscher zu als Strategie zur Verhinderung von Volksaufständen (nach dem Prinzip ›divide et impera‹). Jeder so entstandene Gau bekam seine eigenen Tabus und zürnte seinem Nachbarn wegen deren Verletzung.

[72] S. Aleida Assmann, »Herder zwischen Nationalkulturen und Menschheitsgedächtnis«, in: *Saeculum* 52 (2001), 41–54.

[73] Natürlich gab es in Ägypten Priesterinnen, s. dazu A.M. Blackman, »On the Position of Women in the Egyptian Hierarchy«, in: *Journal of Egyptian Archaeology* 7, 1923, 8ff., 24ff. Die Behauptung des Gegenteils geht auf Herodot zurück, den auch v. Born hierfür als Gewährsmann anführt. Die Frage hat später noch Verdi sehr beschäftigt, der aus musikalischen Gründen unbedingt Frauenstimmen für seine Priesterszenen brauchte aber Bedenken hatte, sich über Herodots Zeugnis hinwegzusetzen (s. S.164).

[74] Jacques-Bénigne de Bossuet, der Erzieher Ludwigs XV und Verfasser des berühmten *Discours sur l'histoire universelle à Monseigneur le Dauphin: pour expliquer la suite de la religion et les changements des empires. Premiere partie: depuis le commencement du monde jusqu'à l'empire de Charlemagne.* 1681; Paris, 1744, gründete seine Darstellung der ägyptischen Geschichte aus ähnlichen Absichten heraus auf Diodors Ägyptenbuch.

[75] Plutarch, *De Is.*, 354 (Kap. 8). »Wenn unter den Ägyptern ein König aus dem Militärstand gewählt wird, bringt man ihn von Stund an zu den Priestern und unterrichtet ihn in jener Arkantheologie, die geheimnisvolle Wahrheiten unter obskuren Fabeln

und Allegorien verbirgt. Daher stellen sie Sphingen vor ihren Tempeln auf um zu bedeuten, daß ihre Theologie eine gewisse arkane und rätselvolle Weisheit enthält.«

76 v. Born, der auf Grund seiner schweren Krankheit opiumsüchtig war, übersetzt Lotus mit »Mohnblume«.

77 Jamblichos, Brief an Abammon (»De Mysteriis Aegyptiorum«), VII 3, s. Jamblique, *Les mystères d'Égypte*, hg. Ed. des Places, Collection Budé, Paris 1989, 189–191.

78 VIII.2, 195f.

79 Frank Manuel, *The Eighteenth Century Confronts the Gods*. Cambridge Mass 1959, 65–69 (»double philosophy«).

80 Warburton, *Divine Legation of Moses,* Buch IV sect. 4, Bd. II, 387–491. Dieser Abschnitt erschien auch separat in einer französischen Übersetzung von Léonard des Malpeines, Essai sur les hiéroglyphes des Égyptiens, où l'on voit l'origine et le progrès du langage et de l'écriture, l'antiquité des sciences en Égypte et l'origine du culte des animaux. Traduit de l'anglais de M. Warburton. Avec des observations sur l'antiquité des hiéroglyphes scientifiques et des remarques sur la chronologie et sur la première écriture des Chinois, 2 Bde., Paris, 1744. Eine von Patrick Tort besorgte Neuausgabe dieser Publikation erschien in Paris 1978 bei Flammarion in der Collection PALIMPSESTE: William Warburton, *Essai sur les hiéroglyphes des Égyptiens ...,* mit je einem Essay von Jacques Derrida: *SCRIBBLE (puvoir/écrire)* und P. Tort: TRANSFIGURATIONS (archéologie du symbolique). Peter Krumme gab eine gekürzte Fassung dieser französischen Neuausgabe in der Übersetzung von J. G. Schmidt (1753) heraus: William Warburton, *Versuch über die Hieroglyphen der Ägypter,* Frankfurt/Berlin/Wien, 1980.

81 Zu Isis als Personifikation der »Mutter Natur« vgl. Elisabeth Staehelin, »Alma Mater Isis«, in: Dies., B. Jaeger (Hrsg.), *Ägypten-Bilder*. Oriens Biblicus et Orientalis 150, Fribourg 1997, 103–141.

82 Pierre Hadot, *Le viole d'Isis*, Paris 2004; Ders., Zur Idee des Naturgeheimnisses. Beim Betrachten des Widmungsblattes in den Humboldtschen ›Ideen zu einer Geographie der Pflanzen‹, Abhandlungen der Akademie der Wissenschaften und der Literatur Mainz, geistes- und sozialwissenschaftliche Klasse Abhandlung 8 (Wiesbaden: Steiner, 1982).

83 *De Abstinentia* IV § 6–7.

84 P.W. van der Horst, *Egyptian Priest and Stoic Philosopher*, Leiden 1987.

85 Mit Verweis auf Plutarch, *De Iside* 352.

[86] Kreil zitiert aus [Corneille] de P[auw], *Philosophische Untersuchungen über die Ägypter und die Chinesen (Recherches philosophiques sur les Egyptiens et les Chinois)*, deutsch: Berlin 1773.

[87] Auch seinen Vortrag über die eleusinischen Mysterien schließt derselbe Anton Kreil mit der Vermutung, »daß diese Mysterien vielleicht noch nicht ganz von der Erde verschwunden sind.«

[88] Das vom Leopoldstädter Theater produzierte Stück *Kaspar der Fagottist oder die Zauberzither* von Joachim Perinet und Wenzel Müller.

[89] *Crata Repoa* 8f., mit Verweis auf Eusebius, *Praeparatio ev.* I.13 und Clemens, *Admonit. ad gentes* (*Protreptikos*).

[90] In einigen Rekonstruktionen wird der Neophyt aber auch noch speziell weiblichen, nämlich sexuellen Versuchungen ausgesetzt, und zwar durch »die Frauen der Priester, welche ... ihn besuchten und ihn auf alle mögliche Weise zur Liebe reizten.« (*Crata Repoa*, 11).

[91] Friedrich von Schiller, *Die Sendung Moses* hg. H. Koopmann, *Sämtliche Werke IV: Historische Schriften*, München, 1968, 737–757.

[92] *Die Sendung Moses*, 745.

[93] Lact., *Div.Inst.* i.6. Lactanz paraphrasiert den hermetischen Traktat Ps. Apul. Ascl. cap. 20 hg. Nock und Festugière, *Corpus Hermeticum oder die älteste religiöse Freymaurerei* (1787; Neuausgabe Neckargemünd 2001, 41f. mit Anm. 32 (s. S. 59) II, 320f. Reinhold, *Die Hebräischen Mysterien*: Hic (Trismegistus) scripsit libros, in quibus majestatem summi ac singularis Dei asserit, iisdemque nominibus appellat, quibus nos Deum et patrem, ac ne quis NOMEN ejus requireret, ANONYMON esse dixit, eo quod Nominis proprietate non egeat, ob ipsam scilicet UNITATEM. Ipsius verba sunt: *Deo igitur Nomen non est, quia solus est*: nec opus est proprio vocabulo nisi cum discrimen exigit MULTITUDO, ut unamquamque personam sua nota et appellatione designes. Großschreibung und Kursivierung folgen Reinhold. Reinhold fand das Laktanz-Zitat bei Warburton, *Divine Legation* II, 568/9. Allerdings liegen Welten zwischen Reinholds Deutung dieser Stelle und Warburtons eher pedantischer Argumentation. Warburton führt die Stelle an, um zu beweisen, dass die Hebräer der ägyptischen Idolatrie derart verfallen waren, dass sie die Einheit Gottes vergaßen und anfingen, nach seinem Namen zu fragen. »Aus Nachgiebigkeit gegenüber dieser Schwachheit gefiel es Gott, sich einen Namen zu geben« (Out of indulgence therefore to this weakness, God was pleased to give himself a name.)

[94] Nicolaus Cusanus, *De docta ignorantia* I, cap. xxiv, hg. H.G. Senger. Philosophische Bibliothek 264a (1440; Hamburg, 1993), 96–99.

[95] Marsilio Ficino behandelt die Inschrift in seinem Timaios-Kommentar (Op. Omnia II, 1439), erwähnt aber Sais nicht und bringt dieses »aureum epigramma« nur mit Minerva, nicht mit Isis in Verbindung. Er übersetzt bereits *chiton* bzw. *peplos* mit »*velum*« und deutet die Stelle im Hinblick auf die Unerkennbarkeit des Göttlichen.

[96] §29, 2. Aufl., 125, Darmstadt 365.

[97] *Kritik der Urteilskraft*, §29, 2. Aufl., 125.

[98] Vgl. hierzu Norbert Klatt, »Kants Kniefall vor der verschleierten Isis«, in: *Zeitschr. f. Rel. u. Geistesgesch.* 37, 1985, Heft 2.

[99] Immanuel Kant, Kritik der ästhetischen Urteilskraft, in: *Werke in 10 Bänden*, hg. v. W. Weischedel, Bd. 8, Darmstadt 1968, 417.

[100] *Sämtliche Werke* V: *Erzählungen/Theoretische Schriften*, hg. v. G. Fricke und H.G. Göpfert, München, 7. Aufl. 1984, 508.

[101] Stromata V, cap. IX, 56.5. *panth' hosa diá tinos parakalýmmatos hypophaínetai meízoná te kaì semnotéran deiknysi tèn alétheian.*

[102] G. Schiff, *Johann Heinrich Füßli 1741–1825*, Zürich/München 1973, 337–579 Nr. 1338 Taf. 422 oben links; s. auch Irwin Primer, »Erasmus Darwin's *Temple of Nature:* Progress, Evolution, and the Eleusinian Mysteries«, *Journal of the History of Ideas* Bd. 25.1, (1964), 58–76 (Hinweis Stuart Harten).

[103] *The strange solemnity of the place must strike everyone, that enters it, with a religious horror; and is the most proper to work you up into that frame of mind, in which you will receive, with the most awful reverence and assent, whatever the priest, who attends you, is pleased to reveal ...*
Towards the farther end of the cave, or within the innermost recess of some prodigious caverns, that run beyond it, you hear, as it were a great way off, a noise resembling the distant roarings of the sea, and sometimes like the fall of waters, dashing against rocks with great impetuosity. The noise is supposed to be so stunning and frightful, if you approach it, that few, they say, are inquisitive enough, into those mysterious sportings of nature. ...
Surrounded with these pillars of lamps are each of those venerable columns, which I am now to speak of, inscribed with the hieroglyphical letters with the primeval mysteries of the Egyptian learning. ... From these pillars, and the sacred books, they maintain, that all the philosophy and learning of the world has been derived.

Anonymus, *Athenian letters or, the Epistolary Correspondence of an Agent of the King of Persia, residing at Athens during the Peloponnesian war. Containing the History of the Times, in Dispatches to the Ministers of State at the Persian Court. Besides Letters on various subjects between Him and His Friends*, 4 Bde., London, 1741–43, Bd. I, 95–100 (Brief XXV des Orsames, von Theben). Carlo Ginzburg machte mich auf diese außerordentliche Geschichte der östlichen Mittelmeerwelt am Ende des 5. Jahrhunderts aufmerksam. Die Briefe des Orsames ergeben eine gute Zusammenfassung des damaligen Wissens über die altägyptische Kultur.

104 Zur Verbindung von Freimaurerei und Gartenarchitektur siehe insbesondere Magnus Olausson, »Freemasonry, Occultism and the Picturesque Garden towards the End of the Eighteenth Century«, *Art History* 8.4 (1985), 413–433. Ich verdanke diesen Hinweis Annette Richards. Vgl. auch die Abbildung der Grotte auf dem Grund des Gutes der Familie Gilowsky in Aigen bei Salzburg in Knepel, *Wolfgang Amadé Mozart*, Abb. 15. Wichtig sind vor allem die Landschaftsgärten von Wien, die Mozart besichtigt und zum Teil auch in Briefen beschrieben hat, s. hierzu Gezy Hajos, *Romantische Gärten der Aufklärung. Englische Gartenkultur des 18. Jahrhunderts in und um Wien*, Wien und Köln 1989, 47f.

105 Diese Verse sind wörtlich aus Terrassons Roman in Claudius' Übersetzung übernommen. Zu Terrassons Einweihungsszene und sonstigen Behandlungen des Themas der ägyptischen Initiationsprüfungen im alten Ägypten s. Elisabeth Staehelin, »Zum Motiv der Pyramiden als Prüfungs- und Einweihungsstätten«, in: *Studies in Egyptology.* Presented to Miriam Lichtheim, Jerusalem 1990, 889–932.

106 Beethoven kannte Schillers Aufsatz *Die Sendung Moses*; in einem Konversationsbuch von 1825 findet sich der Eintrag von Matthias Artaria: »Haben Sie ›Ueber die Sendung Moses‹ von Schiller gelesen?«, siehe Maynard Solomon, *Beethoven Essays*, Cambridge Mass., 1988, 347 n. 24.

107 [1794], Sämmtliche Werke, Stuttgart 1841, IV, 402f.

108 Nach F. Dieckmann, (Hg.), Die Zauberflöte. Max Slevogts Randzeichnungen zu Mozarts Handschrift. Mit dem Text von Emanuel Schikaneder. Berlin 1984, 55.

109 Karl Philipp Moritz, Andreas Hartknopf (1786 [1785], Reprint Stuttgart 1968), S. 131

110 Gernot Gruber, *Mozart verstehen*, 2.Aufl. Salzburg 1991.

111 Ausstellungskatalog *Mariette Pacha*, Musée Municipal Boulogne-sur-Mer 1971/72.

[112] Vgl. für eine ähnliche Deutung Edward Said, *Culture and Imperialism*, London 1993, 133–158.

[113] Aus einem Brief Mariettes an seinen Bruder Édouard vom Juni 1869 geht hervor, dass nicht nur das Szenario zu Aida schon zu diesem frühen Zeitpunkt vorlag, sondern dass bereits Verdi als Komponist ins Auge gefasst worden war, s. Paul Frandsen, »Aida and Edward Said: attitudes and images of Ancient Egypt and Egyptology«, 34 SS. (Internet), S. 2 mit Verweis auf Elisabeth David, Mariette Pacha 1821–1881, 1994, S. 193 und Hans Busch, Verdi's Aida. The History of an Opera in Letters and Documents, 1978, 437–439.

[114] Brief an Draneht Bey vom 9.8.69, Attila Csampai, Dietmar Holland (Hg.), *Aida. Texte, Materialien, Kommentare*, Reinbek 1985, 128f.

[115] Brief an Du Locle vom 26.Mai 1870 (Csampai, S. 129).

[116] Csampai, S. 239.

[117] Brief vom 30.8.1871, nach *Immagini per Aida*, Mostra a cura di Riccardo de Sanctis e Pierluigi Petrobelli, Isituto di Studi Verdiani, Parma 1983, 60.

[118] Brief v. Camille Du Locle an Verdi vom 9. Juli 1870, nach Jean Humbert, in Csampai, S. 112.

[119] Brief Verdis an Du Locle vom 15. Juli 1870, Csampai, 135f.

[120] Brief vom 31. Juli, Csampai, 138. Vgl. im Brief vom 12. 8. an Giulio Ricordi: »Ich habe Ghislanzoni geschrieben, daß er die Priesterinnen trotz Herodot hereinnehmen kann« (Csampai, 139).

[121] Für die Pariser Aufführung 1880 fertigte Adolphe Sax die *Aida*-Trompeten an.

[122] »Il direttore di scena non permetterà che in alcun modo, né per qualsiasi pretesto, qualcuno ... alteri menomamente i costumi, le acconciature, i giojelli, i quali tutti saranno scrupulosamente eseguiti a norma dei figurini, che furono studiati con ogni cura ed eseguiti da celebri artisti con scrupulosa esattezza istorica.« Disposizione scenica per l'opera *Aida* ... compilata e regolata secondo la messa in scena del Teatro alla Scala (1872). Zit. n. *Immagini per Aida*, 57.

[123] A. Csampai und D. Holland (Hrsg.), Verdi: Aida. Texte, Materialien, Kommentare, Reinbek 1985, 96–104.

[124] Mariette hat sich offensichtlich einen bombastischen Anfang vorgestellt. Auftritt des gesamten Hofstaats. Die »Schriftgelehrten«, die in der Oper fehlen, sind die biblischen Hartummim, ägyptisch *Cheriu-heb heri-tep*, die »Obersten Vorlesepriester«, griechisch *hierogrammateis*, die den König beraten und sich in

der Magie auskennen. In der Bibel zaubern sie mit Mose um die Wette. Verdi-Ghislanzoni streichen diese Szene und lassen die Oper intim beginnen, mit einem Zwiegespräch zwischen Ramphis und Radames.

125 Sehr gelehrte Begleitung: vierstimmige Fuge der Celli.

126 Verdi-Ghislanzoni stellen das politische Motiv und den Feldherrntraum des R. an den Anfang. bei Mariette tritt der Bote – und damit der äthiopische Krieg – erst nach der Liebesverwicklung auf.

127 Die Melodie 6/8 B-Dur in aufsteigenden Linien: Aida, ein erhebender und beschwingender Gedanke.

128 Bei Mariette ist der König souverän und entscheidet: Krieg! Bei Verdi ist die Entscheidung längst gefallen (La sacra Iside).

129 Baß-Arioso mit Basso ostinato Kb+Vc pizziccato.

130 Übergang von Ges nach A.

131 In der Tat eine an ägyptischen Tempeln noch heute beobachtbare Form der Beleuchtung. Das Licht fällt durch winzige Öffnungen in der Decke in die ansonsten finsteren Innenräume.

132 Mariette verzichtet hier auf Authentizität, oder weiß es nicht besser. Stufenaltäre stehen im Hof, aber nicht innen. Katholisierung.

133 Woran mag Mariette hier gedacht haben? An eine Art Königskopftuch (Nemes)? Einen jüdischen Gebetsschal (Tallit)? Jedenfalls ist er später offenbar davon abgerückt zugunsten des Sichelschwerts.

134 Das erste eindeutige Beispiel versuchter ägyptischer Musik. Harfenakkorde nach Art von Largo e staccato. Es-Dur. Chromatik. Zum Text: eine hymnische Litanei an den Gott Ptah.
Possente, possente Fhtà, del mondo spirito animator, ah, noi t'invochiamo!
Tu che dal nulla hai tratto l'onde, la terra, il ciel, noi t'invochiamo!
Immenso Fhtà, del mondo spirto fecondator, noi t'invochiamo!
Nume che del tuo spirito sei figlio e genitor, noi t'invochiamo!
Fuoco increato, eterno, onde ebbe luci il sol, noi t'invochiamo!
Vita dell'Universo, mito d'eterno amor, noi t'invochiamo!
Ptah als Schöpfer, soweit korrekt. Ptah als Weltseele oder »belebender Geist«, eine neuplatonische Idee. Die Schöpfung aus dem Nichts ist natürlich ebenso unägyptisch wie unbiblisch. »Befruchtender Geist«, geht auch in Richtung Weltseele. Das trinitarische Modell: Gott als Sohn und Vater seines Geistes – spät-

antike Trinitätsformeln (Chaldäische Orakel). Unerschaffenes Feuer, Leben des Universums – spätantik-neuplatonisierender Kosmotheismus.

135 Im Stil des griechisch-orthodoxen Kirchengesangs (Dreiklänge), den Verdi offenbar als orientalisch empfunden hat.

136 Davon nichts in Mariette's script. Aber ein sehr authentisches Detail, das ihm offenbar nachträglich einfiel.

137 Das ist ein römischer Import, wie sich überhaupt die Ritualisierung der Kriegführung an römischem, nicht ägyptischem Brauchtum orientiert.

138 Wieder bevorzugen Verdi-Ghislanzoni den intimen Anfang und lassen den 3. Akt nicht mit einer öffentlichen Massenszene, sondern einer Innenraum-Szene beginnen. Gedacht ist an einen orientalischen Harem, den abgetrennten Frauentrakt des Palastes.

139 Erst jetzt verlagert sich das Geschehen in das von Mariette gleich zu Anfang vorgeschriebene Szenario.

140 Hier weicht die Oper von Mariettes Vorlage ab. Mariette dachte an einen Palast auf dem Westufer von Theben (von wo aus man die von der Abendsonne beschienenen Berge des gegenüberliegenden Ufers sieht). Die Oper verlegt die Handlung (ohne die Lokalisierung explizit zu benennen) offenbar nach Philae, also an die Grenze zu Nubien. Nur dort gibt es Granitfelsen und Isistempel, übrigens in äußerst romantischer und im 19. Jh. oft abgebildeter Lage.

141 Dabei kommt es dann zu der geographisch unmöglichen Idee, man könnte sich in wenigen Stunden in der offenbar unmittelbar benachbart vorgestellten, in Wirklichkeit aber über 700km südlich gelegenen Gegend von Napata befinden. Dass diese dann auch noch als »waldige Schluchten« beschrieben wird, geht auf Mariettes Konto.

142 Er wollte ja Aida nur einen möglichen Fluchtweg nennen, nicht Amonasro den ägyptischen Aufmarschplan verraten. Die Oper mildert durch diesen Eingriff Radames' Schuld entscheidend ab.

143 In den ägyptischen Texten heißt der Saal des Totengerichts »die Halle der beiden Wahrheiten«. Darauf beziehen sich offenbar Mariettes zwei Bronzestatuen.

144 Hier spricht der Ausgräber des Serapeums! Mariette beschreibt ägyptische Architektur. Das Libretto hat dies irgendwie ins Gotische verdreht.

145 31.8.1870, s. Csampai, S. 138.

146 Brief an Du Locle vom 27.4.1870.

147 John A. Wilson, *Signs and Wonders upon Pharaoh*, 1964; Die-

ter Arnold, »Moses und *Aida*. Das alte Ägypten in der Oper«, in: *Dauer und Wandel, Sonderschriften des Deutschen Archäologischen Instituts* Abt. Kairo 18, 1985, 173–180, 175 n. 7. Eine Lieblingsfrau des Khediven hieß Áida.

148 S. Claudia Dolzani, »Elementi egittologici nell'azione dell' opera *Aida*«, in: Saleh Abdoun (Hg.), *Genesi dell'* Aida, *Quaderni dell' Istituto die Studi Verdiani* 4, 1971, 152–155, bes. 155.

149 Nach den Berechnungen von Klaus-Dietrich Koch sind in *Aida* 22 ½ von insgesamt 144 Minuten (= 16%) Musik ägyptisch koloriert (»Mozart und die Antike«, in: *Acta Mozartiana. Mitteilungen der Internationalen Stiftung Mozarteum* 45, 1997, 38). Zum musikalischen Exotismus vgl. Anke Schmitt, *Der Exotismus in der deutschen Oper zwischen Mozart und Spohr*, Hamburg 1977.

150 Brief an Ghislanzoni vom 16.10.1870, Gaetano Cesari und Alessandro Luzio (Hg.) *I Copialettere di Giuseppe Verdi*, Mailand 1913, 654.

151 Brief an Ghislanzoni vom 22. August 1871; *Verdi-Handbuch*, hg. von Anselm Gerhard und Uwe Schweikert, Stuttgart: Metzler 2001, S. 469.

152 Die ursprüngliche Partitur sah im dritten Akt noch einen weiteren Priesterchor im strengen Kirchenstil vor, »der im vierstimmigen Kanon gearbeitet war, in der Art des Palestrina«. Diesen Chor hat Verdi aber dann gestrichen zugunsten eines ägyptisierenden Unisono-Gesangs (»aber dann drückte mich das Gewissen wegen dieses Arbeitens à la Palestrina, wegen der Harmonik, wegen der ägyptischen Musik!« – Brief an Giulio Ricordi vom 12. November 1871).

153 »Dann sollen noch acht [Verse] für die Priester dazukommen: ›Wir haben gesiegt mit Hilfe der göttlichen Vorsehung. Der Feind hat sich ergeben. Gott helfe nun weiter.‹ (Siehe die Telegramme des Königs Wilhelm!)« – Brief an Ghislanzoni vom 8.9.1870, Csampai S. 143.

154 Ivan Nagel, *Autonomie und Gnade. Über Mozarts Opern*, München 3. Aufl. 1988, 10.

155 Vgl. Carl Schmitt, *Politische Theologie*, Berlin 1922, 11.

156 »History is the intellectual form, in which a civilization renders account to itself of its past« Johan Huizinga, »A Definition of the Concept of History« in: *Philosophy and History. Essays Presented to Ernst Cassirer*, S. 9.

157 Jürg Stenzl, Vom Nil zum Tiber, von den Pharaonen zu Mussolini, in: Wilfried Seipel (Hg.), *Ägyptomanie*, Schriften des kunsthistorischen Museums 3, Wien 2000, 345f.